中国资产管理市场报告

2015—2021年报告精读

光大理财有限责任公司
波 士 顿 咨 询 公 司 ◎ 编著

中国金融出版社

责任编辑：丁 芊
责任校对：潘 洁
责任印制：丁淮宾

图书在版编目(CIP)数据

中国资产管理市场报告. 2015—2021年报告精读 / 光大理财有限责任公司，波士顿咨询公司编著. —北京：中国金融出版社，2023.6

ISBN 978-7-5220-2052-5

Ⅰ.①中… Ⅱ.①光… ②波… Ⅲ.①资产管理—研究报告—中国—2015-2021 Ⅳ.①F832

中国国家版本馆CIP数据核字(2023)第101988号

中国资产管理市场报告（2015—2021年报告精读）
ZHONGGUO ZICHAN GUANLI SHICHANG BAOGAO (2015—2021 NIAN BAOGAO JINGDU)

出版发行 中国金融出版社
社址 北京市丰台区益泽路2号
市场开发部 (010) 66024766，63805472，63439533 (传真)
网 上 书 店 www.cfph.cn
(010) 66024766，63372837 (传真)
读者服务部 (010) 66070833，62568380
邮编 100071
经销 新华书店
印刷 北京侨友印刷有限公司
尺寸 210毫米×285毫米
印张 6.5
字数 125千
版次 2023年6月第1版
印次 2023年6月第1次印刷
定价 118.00元
ISBN 978-7-5220-2052-5
如出现印装错误本社负责调换 联系电话 (010) 63263947

目录

中国资产管理市场2021

时代担当、关键一跃、信义为本、践行使命

中国资产管理市场 2020

扬帆启航、破茧成蝶、时代机遇、争创一流

中国资产管理市场 2019

数字时代、生态经营、投研再造、体系制胜

中国资产管理市场 2018

尘埃落定、以终为始、差异制胜、协同发展、科技突破

中国资产管理市场 2017

回归本源、动能转换、市场广阔、格局重塑

中国资产管理市场 2016

繁荣持续、隐忧凸显、溯本清源、转型发展

中国资产管理市场 2015

前景无限、跨界竞合、专业制胜、回归本源

中国资产管理市场 2021

时代担当、关键一跃、信义为本、践行使命

2021年是“资管新规”过渡期的收官之年，是“十四五”规划的开局之年，意味着资管行业“供给侧结构性改革”的阶段性结束，站在一个新的制度起点再出发。在中国实体经济向高质量发展转型的关键时期，中国资管行业此刻亟须完成自身高质量发展的“关键一跃”。

一、历史新高：提速换挡，2021年中国资管市场重返两位数增长

（一）全市场：增长加速，历史新高

历时三年半的资管新规过渡期正式落下帷幕，中国资产管理行业在经历转型后破茧成蝶，迎来连续三年加速增长。截至2021年末，市场总规模较2020年末增长11%，资管新规落地后首次实现两位数增长，达到134万亿元人民币，创下历史新高（见图1-1）。

2012—2021年中国资产管理规模（按机构划分）

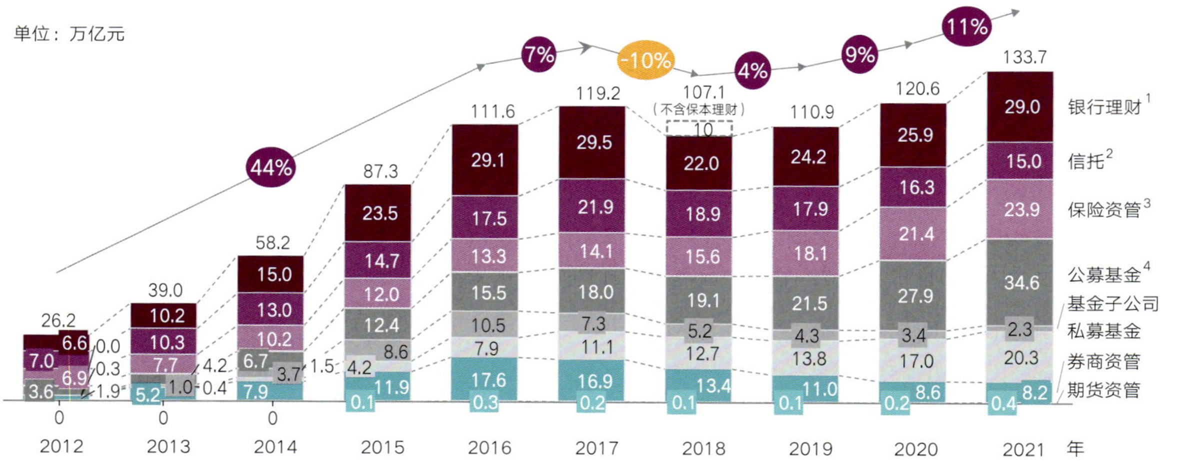

注：1. 从2019年起，银行理财规模中不再包含保本理财；从2019年起，银行理财规模中包含理财子公司存续规模。

2. 剔除“管理财产信托”规模。

3. 2020—2021年保险资管行业总规模增速根据11家保险资管公司2020—2021年实际合计AuM增速估算。11家保险资管公司2020年合计AuM占保险资管行业总规模的76%。

4. 包含公募基金的公募（25.6万亿元）、公募基金公司管理的私募资管计划（5.07万亿元）和公募基金公司管理的养老金（3.96万亿元），各年度统计口径一致。

图1-1　2021年中国资管行业提速换挡，资管新规落地后首次实现两位数增长，规模达134万亿元，创历史新高

（资料来源：《中国银行业理财市场年度报告（2021年）》、中国信托业协会、中国保险资产管理业协会、公司年报、中国证券投资基金业协会）

（二）机构端：转型深入，分化加剧

公募基金规模较2020年末增长24%，总规模达34.59万亿元，确立了第一大资管子行业领先地位。银行理财经历转型后加速腾飞，市场规模达29万亿元，其中理财公司产品规模同比增长158%，跃居银行理财主力地位。保险资管行业稳步增长，业务布局扩展。私募基金规模保持高速增长，马太效应凸显，而券商资管、信托和基金子公司仍处在深化转型阶段，规模继续下滑。外资资管机构全方位布局中国市场，2021年成为中国外资公募元年。

（三）资金端：结构稳定，零售主导

2021年中国资管行业资金端结构保持稳定，总规模达122万亿元，较2020年末增长14%，其中零售资金受居民财富再配置的需求驱动，持续稳定增长，贡献56%的资金；机构资金中养老金在国家大力推动养老体系建设的背景下保持高速增长。

（四）渠道端："四化"叠加，格局重塑

监管政策、数字化趋势、财富管理转型推动资管渠道端格局重塑。首先，监管进一步明确和规范各类分销机构定位。此外，监管持续强化销售适当性管理，推动投顾业务，梳理私募产品代销办法等。随着相关政策的持续推出，预计将在中长期深刻影响资管市场整体格局。其次，数字化进程持续加速。各类资管机构和财富机构持续大力布局和升级数字化渠道与数字化能力。最后，财富管理转型持续深化。银行、券商、信托、保险等卖方机构均在战略性投入财富管理业务，推动"以产品销售为驱动"的卖方销售模式向着"以客户服务为中心"的投顾模式转型。与此同时，资管机构也结合投顾产品和基金投顾牌照，探索直销渠道建设以及新的客户服务方式。

（五）产品端：多点开花，创新升级

2021年，"固收+"产品收益稳健，波动率低，广受追捧；权益产品吸引力不减，股票ETF规模平稳增长，产品数量激增；现金管理类产品规模增速放缓，货基承压；FOF基金高速增长，未来可期。此外，2021年资管产品创新层出不穷，养老理财扬帆起航，助力第三支柱建设；公募REITs破土而出，配套政策支持扩容；ESG产品双碳目标引领，任重道远。

二、时代担当：中国经济高质量发展需要一个强大的资产管理市场

中国经济高质量增长需要更加强大的直接融资体系。中国经济进入了高质量发展阶段，面临新经济提速、旧经济转型的双重挑战。无论是发展以高科技为代表的新经济，还是重组升级旧经济，都需要让风险收益共担、资金配置高效的直接融资体系发挥更大作用。因此，大力发展资本市场、提升直接融资比例已经成为行业共识。

由于资管行业在直接融资体系中处于中枢地位，其至少扮演以下三大角色：

- 对资金及财富端来说，资管行业引导资金长期化、专业化、机构化，帮助投资人更好地分享中国实体经济发展的红利。
- 对实体经济端来说，资管行业配置资金、定价资产、赋能企业，帮助实体经济融资、融智。
- 对金融体系来说，资管行业推动投资方与融资方在风险与收益上的定价匹配与直接传导，提升资金融通效率，降低系统性风险。

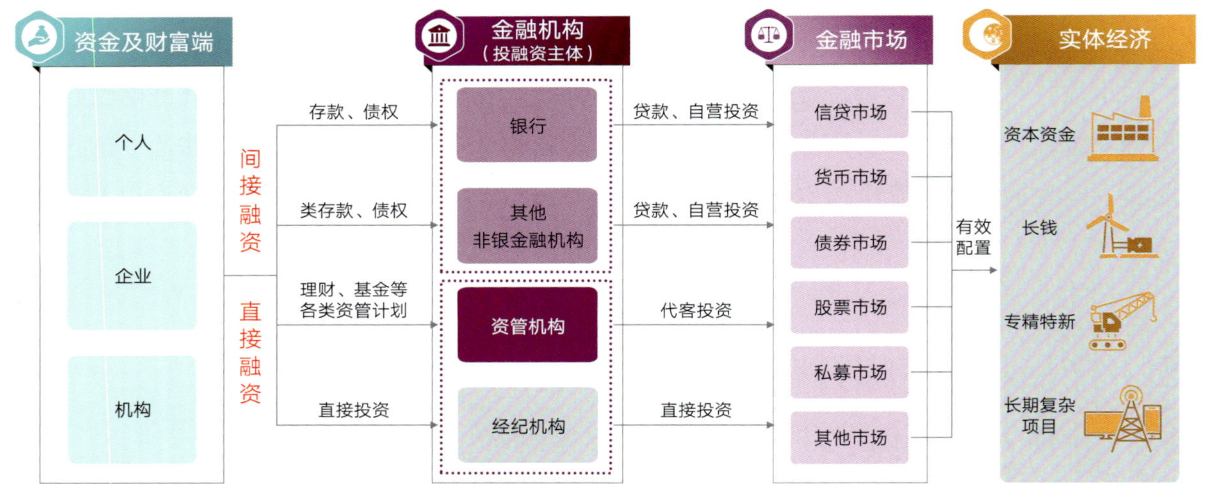

图2-1　资管行业是直接融资体系的中枢

（资料来源：BCG分析）

海外发达经济体积极实践，伴随实体经济的不断升级，资管行业也持续发展、跃升，逐渐代替银行成为金融体系中的第一大资金供给主体。中国资管在规模体量和机构实力上与世界一流水平尚有显著差距，难以支撑起这一中枢作用，未来的“关键一跃”迫在眉睫。

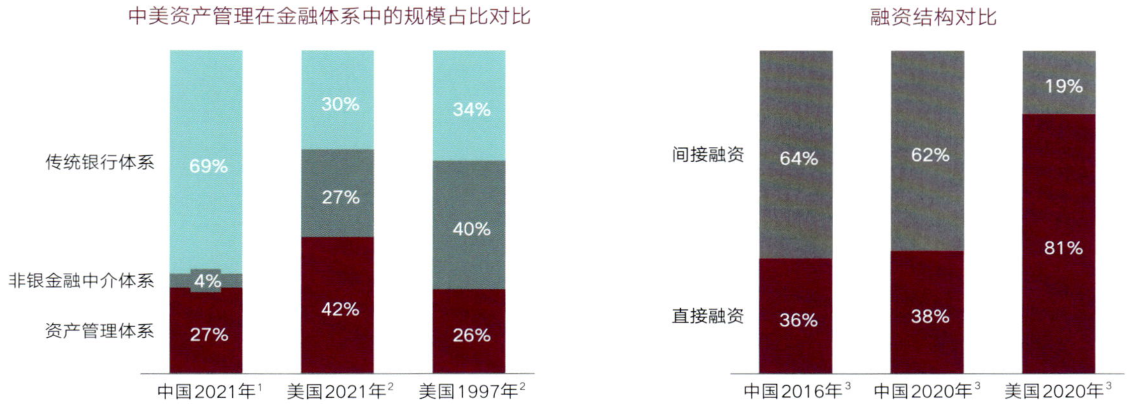

注：由于四舍五入原因，部分数值总和不为100%。

1. 中国数据中，传统银行体系数据使用央行公布的银行业机构（指法人金融机构，含境外分行，不包括中央银行）总资产344.8万亿元；非银金融中介体系数据包括央行公布的证券业机构总资产（证券业机构包括证券公司、期货公司和基金公司，证券公司和期货公司总资产均包括自身及客户资产）12.3万亿元，信托业协会公布的信托公司固有资产0.9万亿元，财务公司协会公布的财务公司总资产8.6万亿元；资产管理体系数据使用BCG中国资产管理市场模型测算的中国资管行业AuM。

2. 美国数据为三类金融部门的金融资产规模相对占比，数据来源为美联储 Financial Accounts of the United States。

3. 直接融资包括国内上市公司市值（Market Capitalization of Listed Domestic Companies）和非金融企业债券规模（Total Debt Securities of Non—Financial Corporations），间接融资包括私营部门银行贷款规模（Domestic Credit to Private Sector by Banks）。国内上市公司市值和私营部门银行贷款数据来自世界银行；非金融企业债券数据来自国际清算银行。

图2-2　中国资管占金融体系规模比例与发达市场仍有较大差异，中国直接融资比例较低

（资料来源：中国人民银行、中国信托业协会、中国财务公司协会、美联储、世界银行、国际清算银行、BCG分析）

三、关键一跃：四大领域十问，洞悉中国资管高质量发展路径

中国正处在实体经济转型发展新阶段，需要一个更加强大的资产管理行业予以支撑，然而中国资管行业与这一要求相比仍相差甚远。中国资管行业必须在哪些方面跨越“瓶颈”，实现高质量发展的“关键一跃”？站在当前时点，我们提出中国资管要在使命、模式、能力、科技四大领域实现跨越，并围绕以下十大问题进行思考和探索。

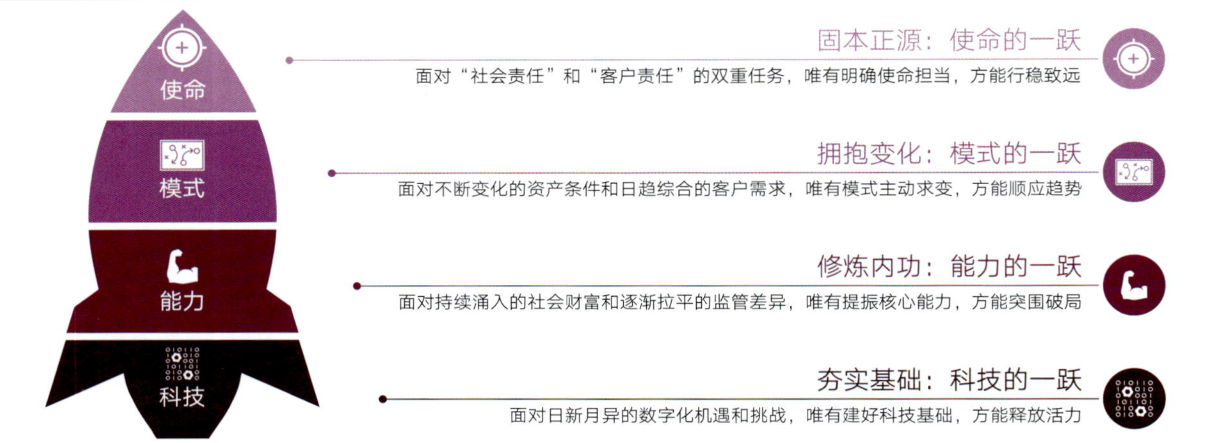

图3-1　中国资管机构应在使命、模式、能力、科技四大领域实现关键一跃

（资料来源：BCG分析）

（一）固本正源：使命的一跃

资管行业作为连接投资者与实体经济需求的关键纽带，应首先在使命层面回答好下列两个关键问题。

- 问题1：如何回归对投资者负责的本源？

“资管机构和产品赚钱、投资者不赚钱”的现象偏离了“受人之托、代人理财”的资管本源，是长期困扰中国资管行业的问题。

资管行业亟须认清和贯彻“以投资者利益优先”的信义义务，从利益分配、信息披露与评价、强化监管托管三大机制入手，规避利益冲突，并通过销售服务、产品设计和投资者教育三大抓手加以落实，以真正实现对投资者负责。

- 问题2：如何助力实体经济转型？

在未来中国经济社会高质量发展道路上，面对科技自立自强、碳达峰碳中和、实现共同富裕、发展养老体系等重大时代任务主题，资管机构可围绕资源配置和投资赋能，发现价值、创造价值。

（二）拥抱变化：模式的一跃

中国资管行业未来在商业模式上的关键一跃在于是否能够在传统以标准资产投资和产品销

售为主的价值链的基础上，进一步向客户端和资产端两个方向实现拓展。

- 问题3：如何做好资管和财管的融合？

领先资管机构应积极思考和布局以下五类向财富管理的延展方式：一是创设财富解决方案型产品；二是布局投资顾问业务；三是建设和强化新渠道；四是与财富机构开展深度战略合作，打造B2B2C模式；五是建立数字化客户经营能力。

- 问题4：如何为机构客户打造解决方案？

资管机构需要突破仅为某个受托产品和策略的投资结果负责的现状，应围绕客户的经营目标提供综合服务，向“解决方案”模式转型。

- 问题5：如何赋能政府和企业？

政府和企业客户对资管机构的需求已从单纯投资升级为“投资”+“赋能”。政府和政府背景的产业集团是中国资管市场的重要资金方，其需求与个人和机构客户相比存在显著特点，即除了获取投资的财务回报外，还非常注重投资所带来的战略价值和社会价值。针对政府和企业客户，商业模式的关键一跃在于如何打造“投资”+“赋能”模式。

- 问题6：如何系统性建立另类资产投资业务？

建立另类资管业务是一项体系化工程，需要外部环境和机构能力建设的共同努力。我们认为实现关键一跃要解决“募、投、管、退、治理”五个方面的问题：在募资方面，解决人民币长期资金来源问题；在投资和管理方面，解决实物资产运营能力和企业赋能能力问题；在退出方面，解决退出通路和工具问题；在治理方面，解决激励约束和风险内控问题。

（三）修炼内功：能力的一跃

随着行业的高速发展和资管新规的实施，对中国资管机构的主动管理能力要求大幅提升。围绕资产端、客户端、产品端价值链上的“投、研、产、销、服”五大能力建设，中国资管机构需重点回答好下列三个关键问题。

- 问题7：如何打造体系化、平台化的投研能力？

资管机构需要从过去短期导向、以明星基金为中心的投研体系，转向追求长期、稳定收益，强调投研体系平台价值，投资流程规范、标准、透明，投资业绩可量化、可追踪、可解释。然而转型不易，资管机构需要从投资理念、投研治理、投资流程、科技系统、激励机制五方面开展体系化建设。

- 问题8：如何打造客户导向的销售和服务能力？

从客户旅程视角梳理和明确在客户投前、投中、投后、复购的全生命周期中资管机构的定位，进而围绕定位需求，系统性升级客户品牌体系、渠道场景能力、客户经营能力。

- 问题9：如何系统性提升产品创新与布局能力？

产品职能扮演执行者角色，落实投研或销售所提出的产品创设需求。随着市场变化越来越快，资管机构有必要大幅提升自身的产品能力，成为衔接及引领投资、研究和销售、服务两端的中枢。未来需强化产品战略职能、强化市场洞察职能、设立产品专家职能三大核心能力。

（四）夯实基础：科技的一跃

在数字时代，如何实现信息化二次升级、移动化快速成长、智能化持续探索、开放化合作共赢，是资管机构面临的核心议题。

- 问题10：如何构建面向未来的科技体系？

资管机构在科技体系建设上需同时解决“硬件”和“软件”两个方面的问题。“硬件”是指系统和数据。在中国资管机构的系统架构中仅交易系统较为成熟，其他业务系统成熟度不足且相互割裂，严重制约了业务效率和投资能力提升。“软件”是指人才和机制。系统架构的优化及善用，最终需要数字化组织机制来承接。

以上使命、模式、能力、科技四大领域的十大问题，是我们认为中国资管在关键一跃中必须回答好的问题，未来需要整个行业的深入研究和共同努力，如此方能得出答案。接下来，我们将重点展开回答使命方面“如何回归对投资者负责的本源？”“如何助力实体经济转型？”两大根本性问题，以启发更多行业机构和从业人士对中国资管关键一跃的进一步思考。

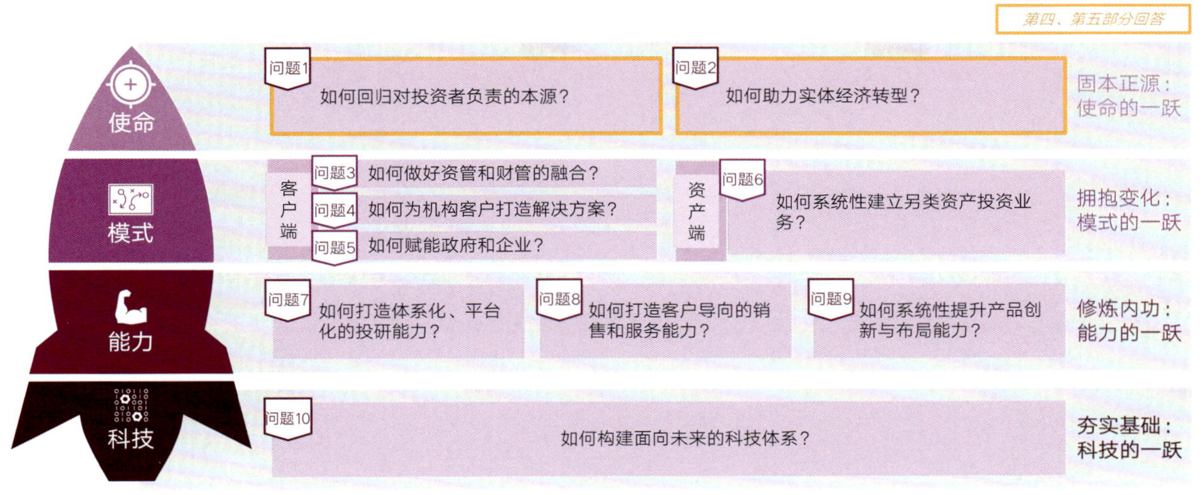

图3-2　中国资管行业关键一跃的四大领域十大问题

（资料来源：BCG分析）

四、信义为本：对投资者负责，创造客户价值

“投资者实际收益明显低于基金净值走势”是长期困扰着中国资产管理行业的一大现象。过去16年间，公募基金全市场以及各类型基金的投资人实现收益率都显著低于公募基金名义收益率。

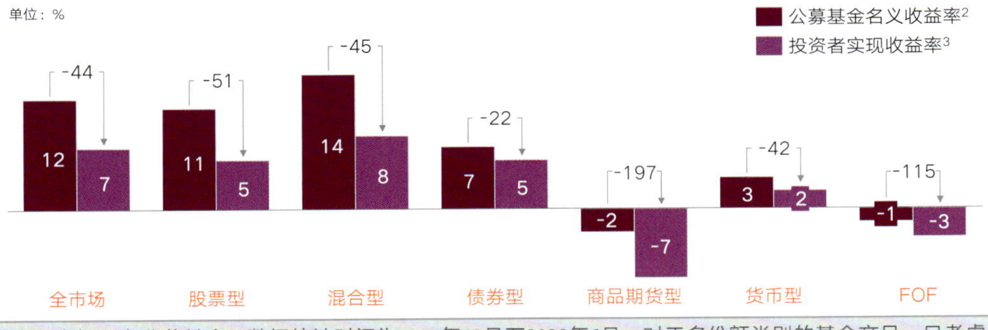

注：1. 覆盖中国市场所有公募基金，数据统计时间为2004年12月至2020年6月。对于多份额类别的基金产品，只考虑该基金产品的主要份额。

2. 公募基金名义收益率为基金买入持有收益率BHR（Buy-and-Hold Return）的几何平均。

3. 投资者实现收益率为投资者内部收益率IRR（Internal Rate of Return）。

图4-1　公募基金全市场——投资者实现收益率与公募基金[1]名义收益率

（资料来源：余剑峰、林犹、文柱柱、何为：《公募基金名义收益率与投资人实现收益率——公募基金发展受限原因初探》，清华大学五道口金融学院资产管理研究中心；BCG分析）

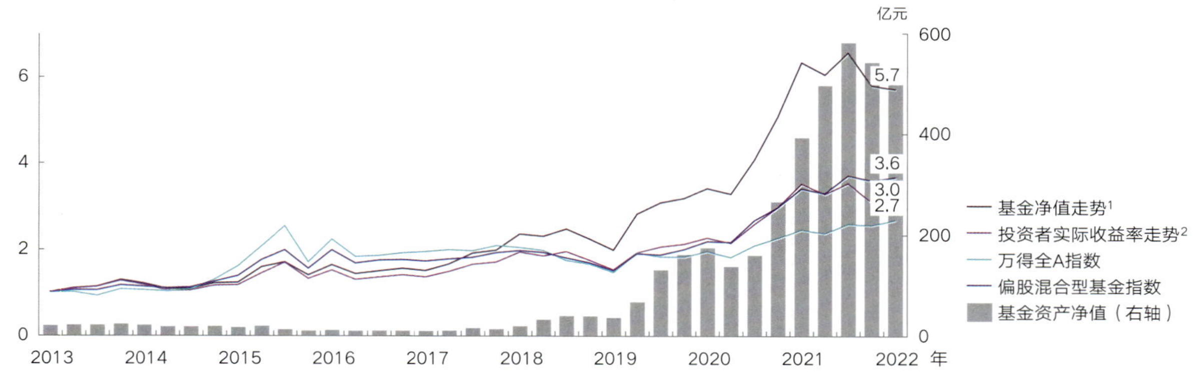

注：此处选取单只偏股混合型基金为例，数据统计时间为2012年12月31日至2021年12月31日。

1. 基金复权单位净值。
2. 投资者实际收益率为单位资产净值利润率，等于单季度基金利润除以期末基金资产净值。

图4-2　以单只基金为例——投资者实际收益率与基金净值走势

（资料来源：Wind、BCG分析）

这一现象是一系列复杂、根本的问题的综合体现。要实现这一关键一跃，我们需要从源头出发，体系化地思考解决方案。我们通过回溯资管行业本源，认为资管行业应该从核心宗旨、三大机制、三大业务抓手重点发力。

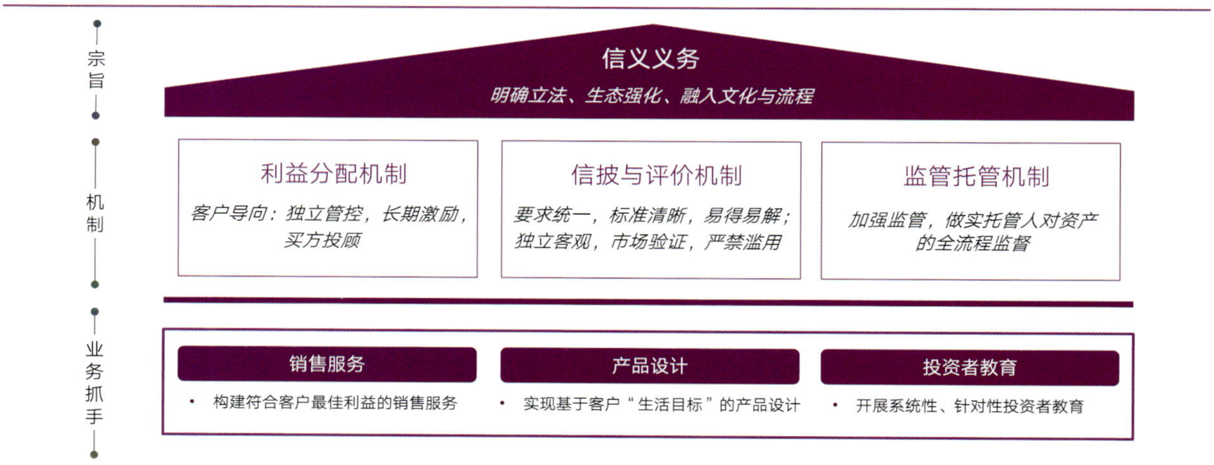

图4-3　通过核心宗旨、三大机制、三大业务抓手推动行业更好地实现客户价值

（资料来源：BCG分析）

• 核心宗旨：贯彻信义义务，融入流程文化

全球领先资产管理公司已经形成统一认知，将信义义务（Fiduciary Duty）作为公司的立身宗旨，其来源于美国为解决共同基金“一仆二主”利益冲突制定的法律规范。

信义义务基于一定原则（Principles-based）并且可以灵活有效地作为投资顾问的行为准则。在实际执行中，这一原则是通过行业生态的共同监督来得以有效践行的。

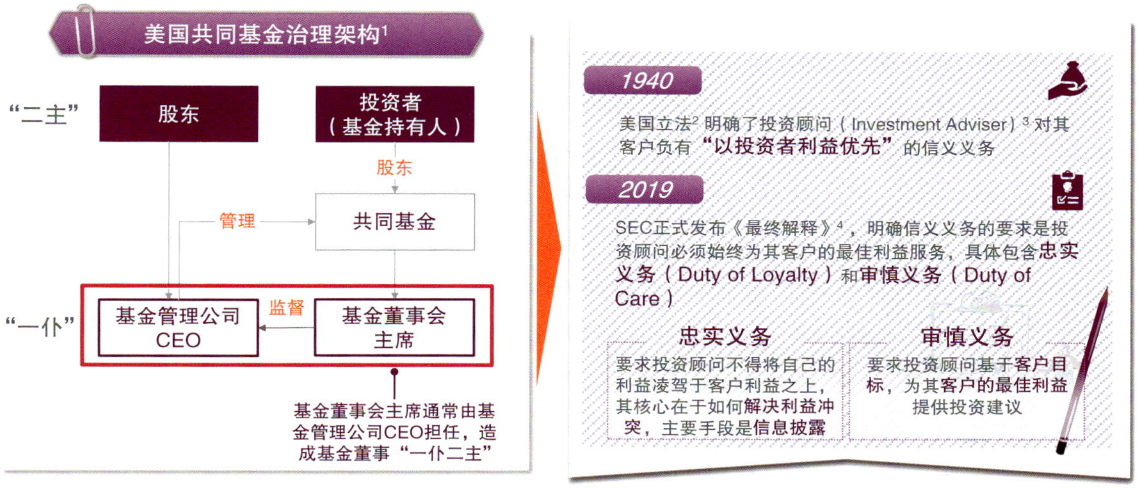

注：1. 美国共同基金多采用公司制或商业信托的组织形式，因此基金本身需单独设立基金董事会，其主要职责为监督基金管理公司的运作，包括选择基金管理公司以及其他服务提供者等。

2. SEC《1940年投资顾问法》第206条规定了投资顾问的联邦信义义务，明确其在任何时候都必须为基金的最佳利益行事。

3. 根据SEC，投资顾问是指以获取报酬为目的，通过直接管理客户资产或通过书面出版物的方式提供投资建议或进行证券分析的任何个人或企业。

4.《证监会对于投资顾问行为准则的解释》（*Commission Interpretation Regarding Standard of Conduct for Investment Advisers*）。

图4-4　信义义务来源于美国为解决共同基金"一仆二主"利益冲突制定的法律规范

（资料来源：SEC、BCG分析）

• 三大机制：避免利益冲突，促进规范透明

一是建立客户导向的利益分配机制。由于控股股东、资管机构、投资经理、销售渠道、投资者等多方主体的利益追求并非时刻一致，在此过程中投资者的利益就可能受到损害。因此，我们从控股股东管控资管机构、资管机构考核投资经理、渠道分成与收费三个方面梳理了资管行业客户导向的利益分配机制。

二是加强易解透明的信息披露及评价机制。一方面我们认为监管需进一步明确信息披露要求和标准，另一方面市场需建立清晰透明的基金评价机制。

三是强化监管及独立实质的托管机制。资产管理行业托管制度的引入使投资资产的所有权、管理权与监督权三权分设，对保护投资者利益起到了至关重要的作用。

• 三大业务抓手：紧贴客户需求，培育理性投资

一是构建符合客户最佳利益的销售服务。近年来，SEC持续强化资管产品销售服务过程中对于零售投资者的保护，值得中国借鉴。2019年，SEC发布"监管最佳利益"规则，将经纪商对于零售投资者的"适当性义务"进一步强化为"最佳利益原则"。规则要求渠道在向零售投资者就任何证券交易或证券投资策略提供建议时，确保以客户的最佳利益为先，不得将自身的经济利益或其他利益置于客户利益之上。其规定的行为准则源自信义义务的基本原则，并且不能仅通

过信息披露来满足，具体包括披露义务、审慎义务、利益冲突义务和合规义务四大组成部分。

二是创设基于客户生活目标的解决方案产品。目前，我国公募基金的产品设计中存在追逐市场热点等一系列问题，不利于引导零售投资者的理性投资和长期投资。创设“基于客户生活目标”的解决方案产品是资管机构“为投资者负责”的关键业务抓手。零售客户的投资需求通常被日常生活中的目标所触发，例如养老、子女教育、医疗等。因此，资管机构如果能从源头上供应以客户投资目标为导向的解决方案型产品，那么不仅能够帮助投资者通过投资真正实现长期生活目标，还能够引导零售投资者长期投资。

三是开展系统性针对性的投资者教育。投资者教育作为投资者保护的重要手段，有助于帮助投资者逐步树立正确的投资理念、根据自身的风险承受能力选择适配的金融产品、改变非理性交易行为，成为理性投资者。资管行业应从投资者教育开展机构、形式、内容、对象和评估机制全方位推进投资者教育。我国投资者教育在开展机构上已经构建起多元主体投资者教育体系，形式上已体现高效、适宜和创新，未来在内容、对象和评估机制三个方面仍需进一步提升。

五、践行使命：助力实体经济，创造社会价值

当前在中国经济社会高质量发展道路上，资管行业应充分发挥金融资源配置功能，秉承为实体经济服务的使命，应从以下四大方面承担社会责任。

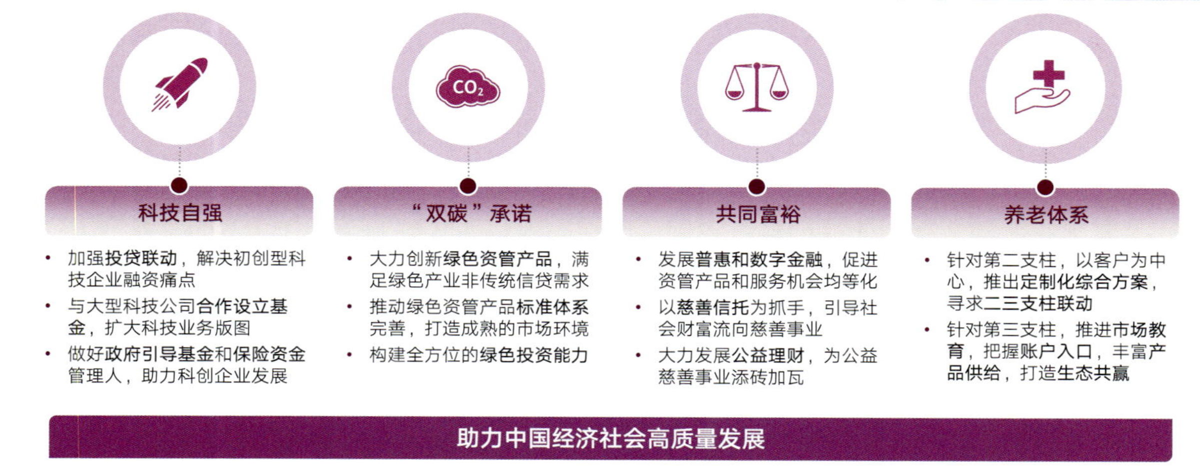

图5-1　在中国经济社会高质量发展道路上，资管行业需从四大方面承担社会责任

（资料来源：BCG分析）

• 科技自强：加强投贷联动，解决初创型科技企业融资痛点；与大型科技公司合作设立基金，扩大科技业务版图；做好政府引导基金和保险资金管理人，助力科创企业发展。

• “双碳”承诺：大力创新绿色资管产品，满足绿色产业非传统信贷需求；推动绿色资管产品标准体系完善，打造成熟的市场环境；构建全方位的绿色投资能力。

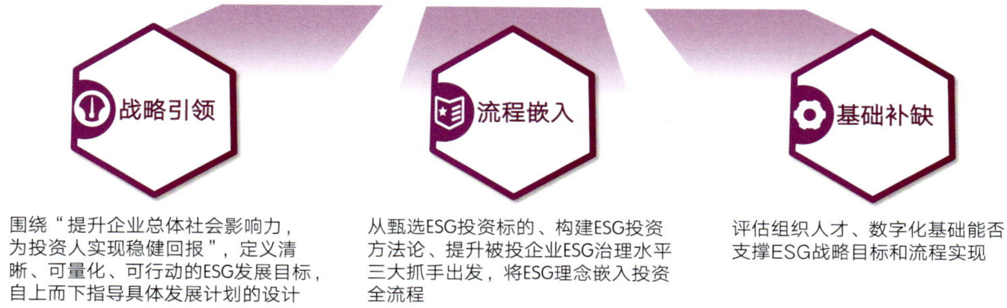

图5-2　资管机构从战略引领、流程嵌入、基础补缺三大层面发力ESG投资能力建设

（资料来源：BCG分析）

• 共同富裕：发展普惠和数字金融，促进资管产品和服务机会均等化；以慈善信托为抓手，引导社会财富流向慈善事业；大力发展公益理财，为公益慈善事业添砖加瓦。

• 养老体系：针对第二支柱，以客户为中心，推出定制化综合方案，寻求二三支柱联动；针对第三支柱，推进市场教育、把握账户入口、丰富产品供给、打造生态共赢。

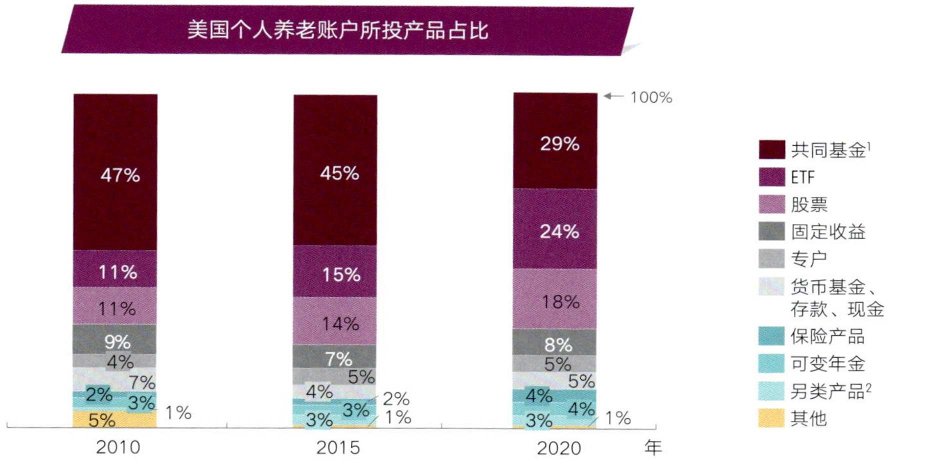

注：1. 包含流动性另类产品。
　　2. 不包含流动性另类产品。

图5-3　共同基金与ETF是最主要的美国个人养老账户投资选择

（资料来源：Cerulli、BCG分析）

专题研究介绍

在每年的报告中，我们都选择了一些热点、重点议题进行专题研究，2021年报告我们覆盖了以下五个专题。

- 专题一：从资管新规收官看监管体系演进
- 专题二：中外资管行业及产品体系对比
- 专题三：资管行业人才与激励体系如何支持长期导向、客户导向（本专题由恺讯咨询撰写）
- 专题四：资管机构如何赋能实体经济发展
- 专题五：海外养老体系良好实践

中国资产管理市场

2020

扬帆启航、破茧成蝶、时代机遇、争创一流

2020年是中国资产管理行业承前启后的关键一年。中国资管行业面对严峻复杂的国际形势、新冠疫情的严重冲击，迎来了10%的规模正增长，规模已经超过2017年资管新规实施前的水平。这标志着中国资管行业转型已经取得了阶段性成功，为“十四五”期间谋篇布局奠定了良好基础。本年度报告回顾“十三五”期间资管行业转型和理财子公司成立一周年的发展，展望“十四五”新时代带来的新机会，并研究全球资管集团的多元化与综合化之路，为中国资管机构争创一流献计献策。

一、2020年市场回顾：扬帆启航，中国资管行业加速实现转型

（一）整体市场：稳中有进、量质同升

2020年，面对复杂的外部环境，资管行业转型发展的步伐并未放缓。截至2020年末，中国资管市场规模达到122万亿元，相较2019年的111万亿元增长了近10%。行业总体规模已恢复到资管新规实施前的2017年水平。

中国资产管理规模（2012—2020年）

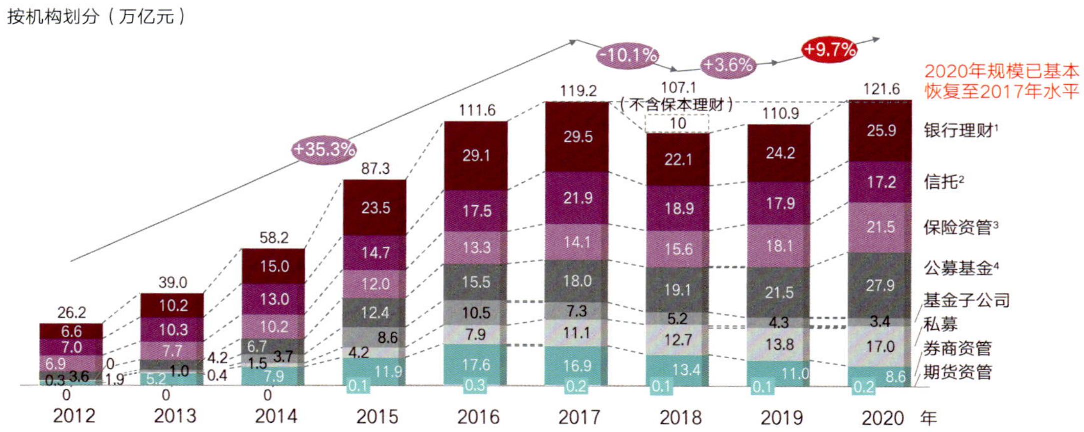

注：1. 从2019年起，银行理财规模不再包含保本理财；从2019 年起，银行理财规模中包含理财子公司存续规模。

2. 剔除“管理财产信托”规模。

3. 保险资管协会调研报告统计数据。

4. 包含公募基金的公募（19.9万亿元）和专户业务（8万亿元）。

图1-1　2020年中国资管行业整体增速近10%，达到122万亿元，已恢复至资管新规实施前水平

（资料来源：《中国银行业理财市场报告（2020年）》、中国信托业协会、中国保险资产管理业协会、中国证券投资基金业协会、Wind统计）

同样是120万亿元的资管规模，2020年与2017年的资产质量差异巨大。伴随着资管新规的逐步实施，行业预期收益型产品和通道业务大幅压缩。我们预计去除通道和预期收益型产品后的资管规模在过去三年实际实现了年化27%的高速增长，三年翻了一番。

资管新规的影响和业务质量的调整直接体现在各细分行业的规模变化上。对比2017年和2020年各细分行业规模变化，可以看到银行理财、信托、基金子公司、券商资管等四类直接受资管新规影响的子行业规模均在过去三年内大幅下降，其中基金子公司和券商资管规模降幅甚至达到50%。与此同时，保险资管、公募基金、私募基金等受监管冲击较小的子行业均取得高速增长，其中保险资管取得了41%的三年累计增幅，公募和私募增长幅度更是超过50%。但如果我们剔除通道业务和预期收益型产品，如图1-2右图所示，我们看到几乎所有的资管子行业在过去三年均取得了大幅增长。

各资管子行业2017—2020年规模变化：全口径规模　　各资管子行业2017—2020年规模变化：净值化主动管理规模

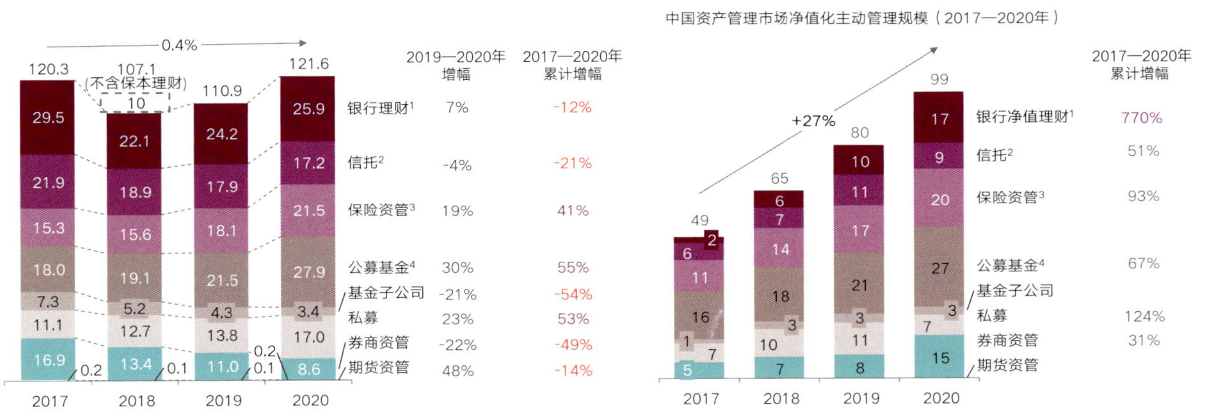

注：1. 从2019年起，银行理财规模不再包含保本理财；从2019年起，银行理财规模中包含理财子公司存续规模。

2. 剔除“管理财产信托”规模和通道型业务。

3. 2019年及之前为保险资管协会调研报告统计数据。

4. 包含公募基金的公募（19.9万亿元）和专户业务（8万亿元）。

图1-2　净值化主动管理资管规模在过去三年实际实现了年化27%的高速增长

（资料来源：《中国银行业理财市场报告（2020年）》、中国信托业协会、中国保险资产管理业协会、中国证券投资基金业协会、Wind）

（二）市场结构：资金结构稳定，产品加速创新

2020年中国资管市场的资金端供给持续增长，突破107万亿元，增速高达15%。资金结构整体保持稳定，其中零售端贡献近60万亿元，仍占据半壁江山。机构端方面，保险资金规模受益于保费增长和委外比例提升，持续保持较高增速。企业资金受疫情和理财净值化转型影响，部分回流存款，是唯一出现负增长的资金主体。

各客群资管资金贡献（2018—2020年）

单位：万亿元

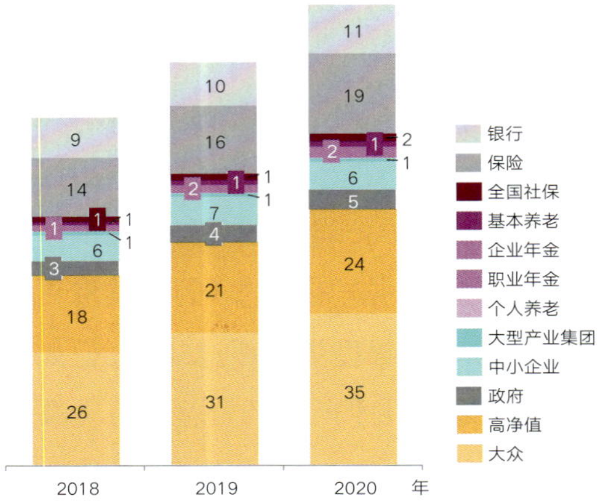

		2018年占比	2019年占比	2020年占比	2018—2019年增速	2019—2020年增速
银行	银行	12%	11%	11%	9%	12%
保险	保险	17%	17%	18%	15%	19%
养老	全国社保	2%	2%	2%	20%	20%
	基本养老	1%	1%	1%	55%	12%
	企业年金	2%	2%	2%	22%	24%
	职业年金	0.1%	0.2%	0.3%	248%	159%
	个人养老	0.0%	0.0%	0.1%	—	—
企业	大型产业集团	1%	1%	1%	9%	-5%
	中小企业	7%	7%	6%	20%	-2%
政府	政府	4%	4%	4%	17%	15%
零售	高净值	22%	22%	23%	17%	15%
	大众	33%	33%	33%	12%	14%

注：资金端总额不含通道、嵌套业务的多重计算，因此小于机构端市场规模。

图1-3　资金端：整体保持15%增速，资金结构保持稳定，仍以零售资金为主

（资料来源：BCG 2020年中国资产管理市场模型、BCG分析）

资产端现金管理类产品规模仍持续增长，但占比有所下降。“固收+”攻守兼备，渐成主流。权益产品吸引力增强，现象级扩张。被动产品稳健增长，细分产品线增减互现。公募REITs试点，开辟新资产蓝海。MOM市场热盼、前景可观。

（三）疫情对全球资管市场的影响：强势复苏、可持续发展

总体而言，我们发现疫情下全球资管市场格局呈现三大加速趋势。第一，全球资管市场规模加速增长。全球资管市场在疫情后快速恢复，以共同基金为例，其管理资产规模在经历了初期的短暂下降后迅速反弹，2020年末达到55.9万亿美元，同比增长15%。此外，2020年末的资金净流入较年初增长4.4%，超过了2019年同期的表现。第二，全球资管市场加速分化。避险情绪下，无论是标准产品还是另类产品，我们都发现资金流入加速向头部集中。第三，全球资管机构加速战略布局。2020年全美资管市场并购交易金额创历史记录。

此外，我们上年报告中提到的两大趋势将长期延续。一是可持续投资和社会责任。ESG和可持续投资将长期加速发展，成为全球领先资管机构最重要的公司使命和战略布局。二是数字化升级。疫情下数字经济加速发展，如其他行业一样，数字化对资管行业也将产生深远影响。相关内容，我们在2019年的报告中有详细阐述。

二、理财公司一周年回顾：破茧成蝶，积跬步以至千里

（一）理财公司发展历程与运行情况

截至2020年末，银保监会已批准筹建22家银行理财公司和2家外资控股理财公司，其中19家商业银行理财子公司和1家外资控股理财公司已经开业。理财公司的成立标志着银行理财业务逐步走上市场化、专业化与规范化的发展轨道，这也是商业银行参与直接融资、拥抱财富管理市场蓬勃发展的核心抓手。同时，理财子公司在产品形式、销售门槛、资产投向上灵活度更高，牌照价值显著。

（二）十问十答，理财公司成立一周年回顾与展望

银行理财子公司成立前，行业对其未来发展前景和商业模式不乏各种疑虑。站在理财公司成立一周年的时点，我们选择了行业在一年前对于理财子公司最关心的十个主要问题，希望通过对这十个问题的回答，一方面总结过去，另一方面对理财子公司未来的发展潜力和方向作出展望。

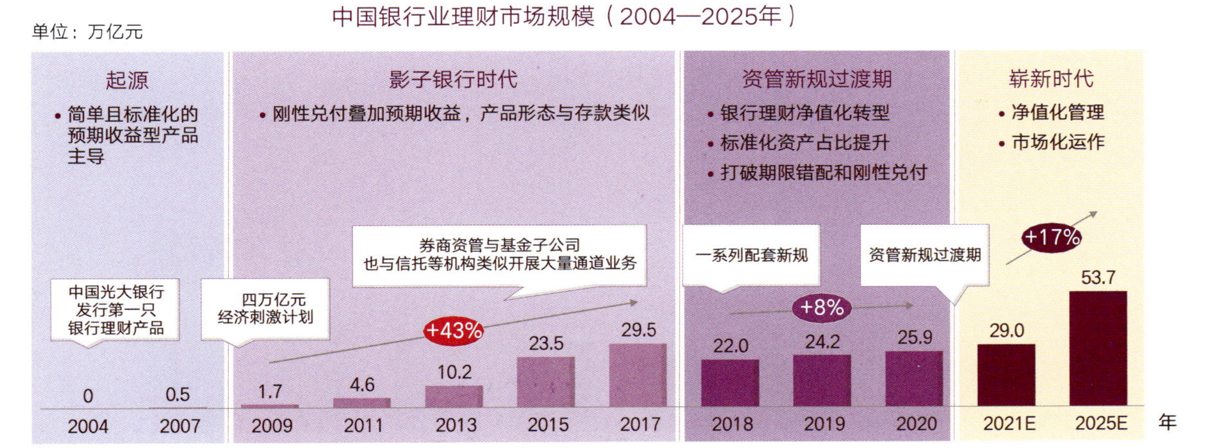

图2-1 “十四五”期间，银行理财市场将迈入17% 高速增长新时代

（资料来源：BCG 2020年中国资产管理市场模型）

- 规模：净值化转型之后，银行理财的规模是否还能实现快速增长？
- 净值化：打破刚兑后客户能否接受净值产品？如果产品破净，客户如何反应？
- 客户：谁是银行理财的主要客户？客户结构中长期能否实现突破？
- 渠道：理财公司除母行渠道外，能否进一步扩展第三方渠道和自建渠道？

- 产品：银行理财的主要产品形态是什么？与公募等机构的产品结构有何不同？
- 定位：各家银行将如何定位理财子公司？如何选择理财公司业务范围和发展模式？
- 投研：能否快速构建与权益相关的投研能力？
- 人才：理财子公司的市场化程度如何？
- 风控：风险管理体系的构建如何适应标准化投资的要求？
- 科技：目前的科技系统能否支撑业务发展？长期来看，能否围绕金融科技打造竞争优势？

三、资管行业“十四五”展望：时代机遇，把握新周期十二大发展机会

在2017年资管报告中，我们提出了中国资管市场的发展可以分为三个阶段：2012—2016年是泛资产管理阶段，2017—2020年进入回归本源阶段，而2021年之后，结合资管新规的落地情况，将有可能进入全面发展新阶段。预计未来五年，中国资管行业将实现12%的年化增长速度，2025年规模近210万亿元，其中通道业务占比进一步大幅下降。

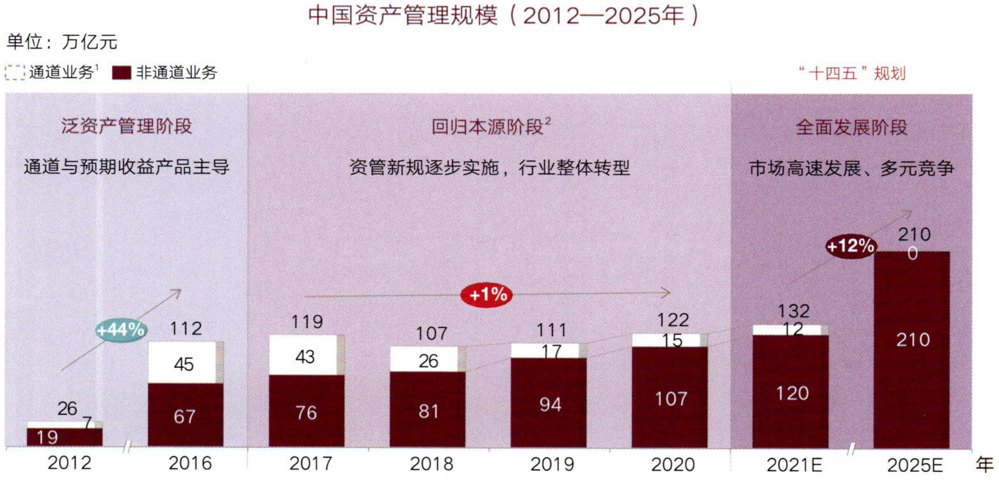

注：1. 通道业务包含信托公司、券商资管、基金子公司以及基金管理公司非公开募集资本中被动依靠外部机构客户（如银行）的资源所开展的相关业务。

2. 回归本源阶段的市场规模不含通道业务规模，不过通道业务依然存在。

图3-1　展望未来，大资管市场经历短期调整后，“十四五”期间进入全面发展阶段

（资料来源：BCG 2020年中国资产管理模型、BCG分析）

全面发展阶段为中国资管行业带来时代机遇。随着国家开启“十四五”新征程，资管行业的资金端、资产端和商业模式也将发生巨大变化。我们建议中国资产管理机构重点把握十二大

机会（如图3-2所示）。

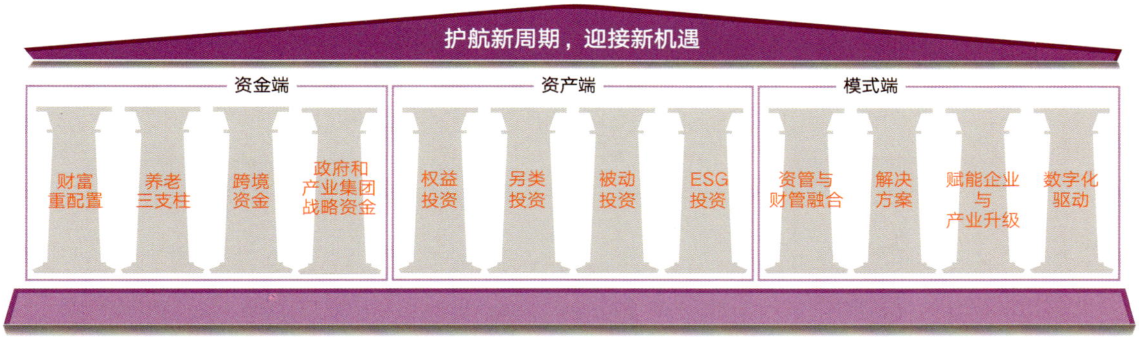

图3-2 “十四五”期间资管机构的十二大发展机会

（资料来源：BCG分析）

四、行业发展探讨：争创一流，打造多元化、综合化资产管理集团

（一）资管机构多元化、综合化指的是什么？

• 多元化：资产管理机构通常围绕资产类别、资金来源、地域市场、投资策略和行业覆盖五个主要维度开展多元化经营。如图4-1所示，我们可以用蛛网图来表示一家资管机构的多元化范围，五个维度的连线所覆盖的面积代表这家机构资管业务范围的大小。

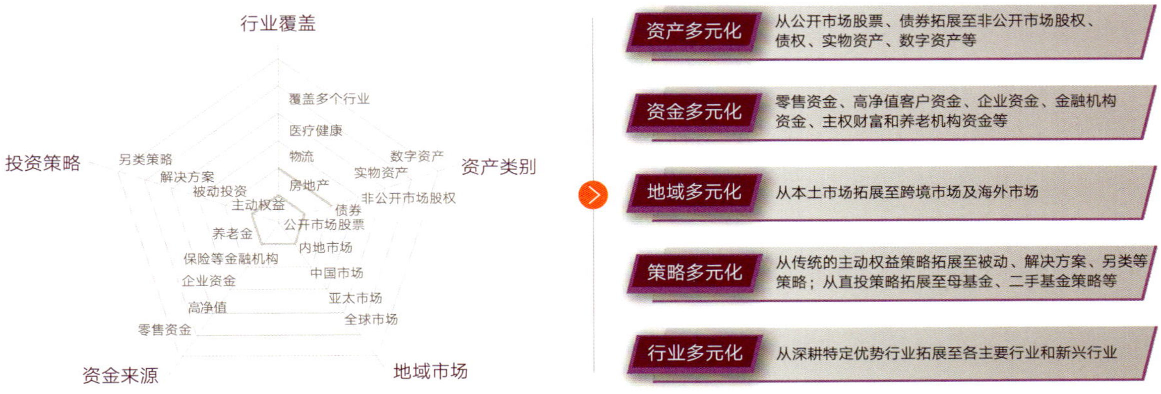

图4-1 资管机构开展多元化布局的五大维度

（资料来源：文献检索、BCG分析）

• 综合化：如图4-2所示，资管机构通常沿资金端、资产端、同业资管机构端三个方向延伸业务范围，可以拓展至八大业务类型。

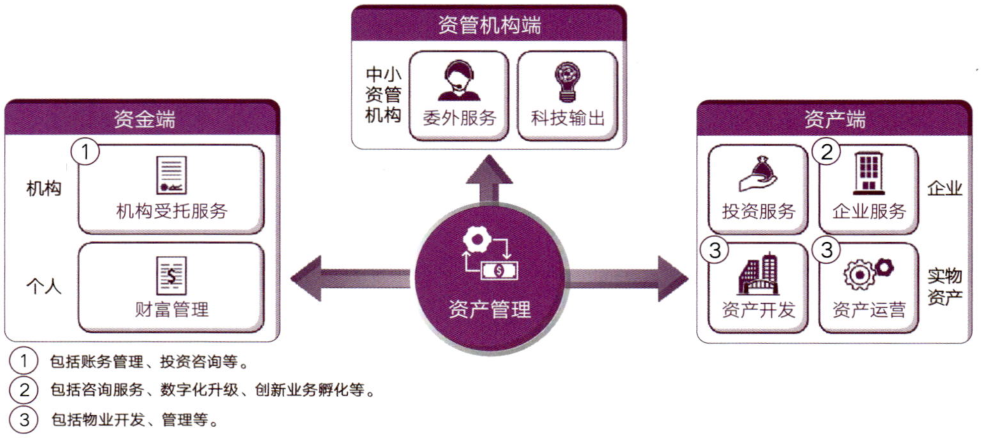

图4-2 资管机构通常沿资金端、资产端、同业资管机构端三个方向拓展业务范围

（资料来源：文献检索、BCG分析）

（二）资管机构为何要多元化、综合化？

资管机构多元化、综合化是由三大驱动因素推动的：第一，资管业务规模制胜；第二，客户需求日趋综合；第三，资产和行业周期轮动。同时，我们对全球排名领先的资产管理机构进行业务组合分析。无论是全球最大的独立系资产管理公司贝莱德、先锋、富达，还是全球最大的另类资产管理公司黑石、KKR、博枫，全部呈现多元化、综合化的发展格局。

（三）资管机构如何实现多元化、综合化？

• 积极运用并购、战略合作等非有机增长手段。以贝莱德为例，从2005年起，其不断开展外延并购，资产管理规模从2005年的400亿美元提升至如今超过8万亿美元，经历了“二十年二十倍”的黄金并购时代。

• 获取新业务所需的顶尖专业人才团队并匹配机制。以黑石为例，从1988年吸纳第一波士顿银行的债券投资基金团队（团队持股50%），到1989年收购德崇证券的股票套利投资基金团队（团队持股50%），再到1993年邀请雷曼的并购咨询业务团队和2008年重金收购GSO扩张信贷业务团队，黑石始终坚信资管业务的核心是人才，收购人才是实现非有机增长的极简形式。

• 围绕自身资源禀赋和能力圈逐步扩张。以博枫为例，在多元化过程中始终坚持围绕自身核心资源禀赋循序渐进进行扩张。依托自身在能源和地产行业投资积累的实物资产管理能力，拓展至基础设施行业，再围绕实物资产和重资产管理相关核心能力，开展私募股权相关行业投资。

• 建立适配的资管集团架构，协同管理各业务线和子公司。如图4-3所示，根据集团化整合程度从浅到深，可以分为三种模式：简单混合模式、多精品店模式、统一平台模式。

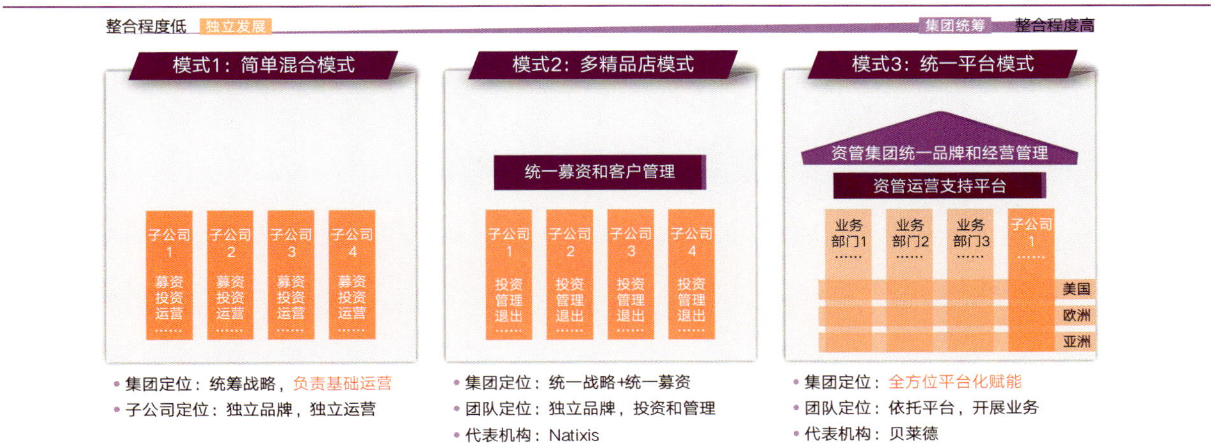

图4-3 根据资管集团化整合程度可以分为三种模式

（资料来源：BCG分析）

专题研究介绍

在每年的报告中，我们都选择了一些热点、重点议题进行研究，2020年报告我们覆盖了以下两个专题：

- 专题一：发达市场资管机构如何助力经济转型
- 专题二：全球财富和资管科技领域并购与私募股权投资最新趋势

中国资产管理市场 2019

数字时代、生态经营、投研再造、体系制胜

2019年是中国资管行业从转型阵痛中涅槃，重新起航的元年。同时，整个中国金融行业正在全面走向数字化，位于信息化、移动化、开放化与智能化“四化”叠加的特殊时期。这意味着，随着科技与数据成为行业的基础设施，数字化能力成为各类资管机构的核心竞争优势，资管市场的竞争格局也将面临重塑。本年度报告将聚焦资管机构在数字化进程中可能遇到的三大关键课题，以期帮助各类资管机构更好地在数字时代扬帆启航。

一、市场回顾：监管引导行业规范转型，资管市场已经重新起航

（一）监管：强监管方向不改，实施节奏优化，引导模式统一

2019年监管政策的三条主线相辅相成，从统一监管、模式升级和数字化建设三个方面促进资管行业高质量发展：第一条主线是细化资管新规体系，补充配套措施，进一步统一监管框架；第二条主线是推动业务与模式创新，如试点发放基金投顾牌照；第三条主线是拥抱科技建设，自上而下引导资管行业捕捉数字化机遇。

（二）市场：转型期重拾增长，养老加速入场，被动业务爆发

- 规模：2019年末中国资管市场规模达到110万亿元，相比2018年的107万亿元增长了3%（见图1-1，两年数据均不含保本理财），涨幅虽小但止跌意义重大，标志着资管市场已从转型阵痛中涅槃，迈向更健康的未来。2019年的关键词仍是结构调整，在去通道和主动管理此消彼长的作用下，市场结构得到进一步优化。

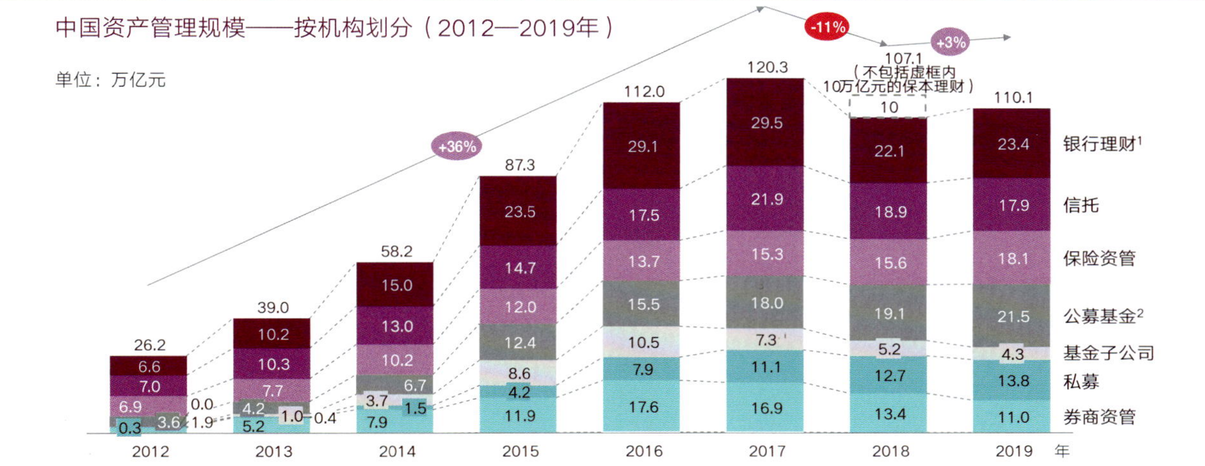

注：1. 从2019年起，银行理财规模不再包含保本理财。

2. 包含公募基金的公募和专户业务。

图1-1　市场：中国资管行业再出发，2019年规模企稳并略有增长

（资料来源：中国银行业理财市场报告、中国信托业协会、中国保险资产管理业协会、中国证券投资基金业协会、Wind统计）

• 资金端：出现养老加速、保险复苏、企业下滑、零售稳健等趋势。中国资管市场资金端仍以零售为主，但在过去的五年，已经看到保险与养老等中长期机构资金占比上升的大趋势。

• 资产端：继续秉持资管新规“去通道”“禁错配”“控非标”的监管理念。我们估算2019年末通道总规模约为26万亿元，在总资管市场规模中占比已不足四分之一。全年压降约4万亿元，主要来源于券商资管、基金子公司与信托公司的通道业务压缩。2019年，新发行的封闭式非保本理财产品加权平均期限达186天，同比增加25天；非标资产占比则从17.2%下降到15.6%。

• 产品端：呈现存款回流，货基受挫，跨境崭露头角，被动提速换挡等趋势。以被动产品规模为例，2019年末中国被动市场规模达1.42万亿元，近两年平均增速高达60%。其中债券类被动产品规模受机构资金驱动快速崛起，2019年的增速约为190%，规模近3000亿元。

（三）竞争：洗牌期加速分化，行业竞争加剧，外资重新布局

• 行业分化座次改变：2019年资管机构格局产生明显分化，银行理财非保本部分已经实现规模再增长；信托、基金子公司、券商资管正经历转型阵痛，仍处于收缩阶段；公募、保险资管受益于资本市场景气和资金端充裕，迅速抢占份额（见图1-2）。

中国资产管理规模占比——按机构划分（2012—2019年）

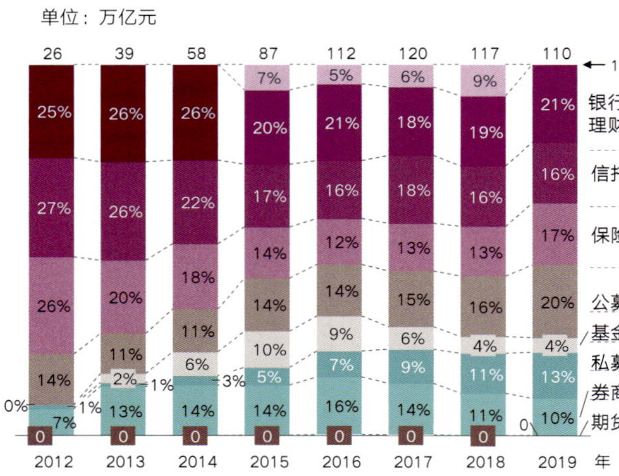

		2017年增长率	2018年增长率	2019年增长率
银行理财	银行理财（保本）	24%	36%	—
	银行理财（非保本）	-4%	-1%	6%
信托		25%	-14%	-5%
保险资管		11%	2%	16%
公募基金[1]		16%	6%	13%
基金子公司		-30%	-28%	-18%
私募		41%	14%	8%
券商资管		-4%	-21%	-18%
期货资管		-12%	-48%	12%

注：从2019年起，银行理财只含非保本理财。

1. 包含公募基金公募和专户业务。

图1-2　竞争：银行理财再现增长，保险资管、公募基金和期货资管录得较快增长

（资料来源：中国银行业理财市场报告、中国信托业协会、中国保险资产管理业协会、中国证券投资基金业协会、Wind统计）

• 集团集中度上升：跨行业集团集中度在2019年回升较为明显。其中，前十名集中度从2018年的32%上升到35%，前十五名集中度从2018年的38%上升到2019年的41%。绝大部分头部机构的规模均比2018年有所上升，体现了转型时期大机构较强的抗风险能力和转型能力。

• 外资重新布局：2019年，中国进一步推动金融市场有序开放，从多个维度支持外资资管机构来中国发展。富达国际、贝莱德和瑞银资管在积极申请全资公募牌照；2019年12月，银保监会批准东方汇理资产管理公司和中银理财有限责任公司在上海合资设立理财公司，成为在中国设立的第一家外资控股理财公司。

二、数字时代：“四化”叠加触发模式升级，数字化开启新课题、新机遇

（一）“四化”叠加，诠释数字化复杂内涵

我们认为，数字化的内涵广阔，可以分解为信息化、移动化、开放化和智能化。当前金融行业正处于信息化夯实期、移动化成熟期、开放化成长期和智能化探索期的叠加风口。而上述“四化”，也会环环相扣，相互影响。资管行业当前所处的数字化阶段与其他金融行业有所差

异，进而也意味着不同的数字化机遇和重点。具体而言，资管行业正处于信息化二次升级期、移动化成长期、智能化发力期和开放化开启期（见图2-1）。

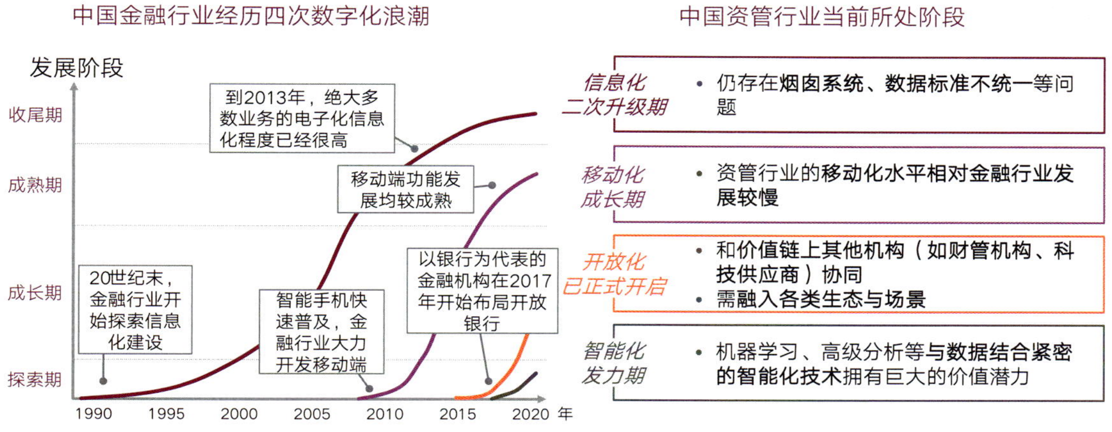

图2-1 “四化”叠加，中国金融和资管行业正加速走进数字时代

（资料来源：BCG分析）

（二）数字化开启资管下一个十年的新格局与新课题

数字时代，科技与数据成为基础设施，资管市场竞争格局将面临重塑。对于以大型银行理财子公司为代表的全能型资管机构而言，数字化意味着全面的体系升级；对于以中小公募和券商为代表的精品资管机构而言，技术进步降低了准入门槛的同时提升了差异化的难度；对于资管行业的众多科技与基础设施供应商而言，数字时代意味着更多元的业务需求和更广阔的市场空间。我们建议，所有的资管机构都应该系统性地思考数字化战略，而非把数字化当成中后台的课题。

三、生态经营：客户生态孕育各类机会，模式创新实现开放共赢

（一）零售生态：投顾驱动转型，新生态与新手段创造无限前景

在数字化时代，随着技术的不断进步、客户行为习惯的不断迁移以及政策方面的引导，资管机构面对的零售生态正在发生翻天覆地的变化，在对资管机构提出更高要求的同时也带来了

新的业务机会（见图3-1）。

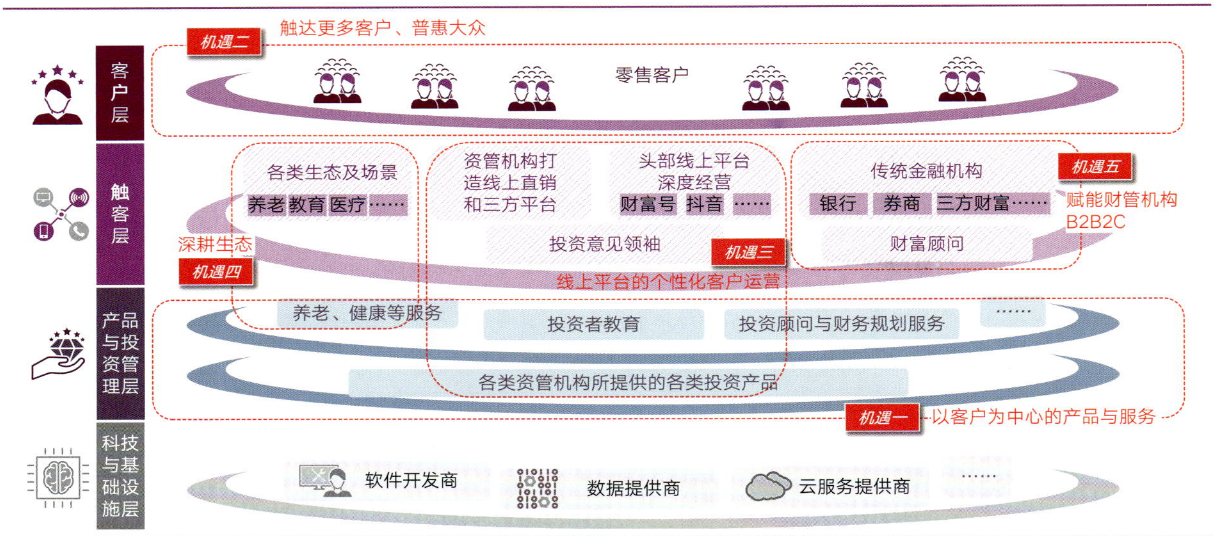

图3-1　中国资管机构面临的零售业务生态全景图

（资料来源：BCG分析）

- **机遇一：以客户为中心，提供“基于生活目标”的财富管理服务。**

如美国先锋集团推出以中老年客户为目标客群的PAS（Personal Advisor Services）混合智能投顾服务，为该客群量身定制了以“GBCD”为核心的差异化价值主张。其中G（Goals）代表个性化的投资目标设定，B（Balance）代表平衡资产配置以实现稳定的回报，C（Cost）代表低费率，D（Discipline）代表遵循设定的投资规划。

- **机遇二：利用数字化手段降本增效，智能投顾普惠更多客群。**

智能投顾是运用数字化手段帮助资管机构实现降本增效的典型代表。其费用低廉，一般为每单位资产收取0.25%~0.5%的费用。以智能投顾为代表的各类数字化手段，有望帮助中国财富管理市场从缺乏人工投顾直接迈入普惠大众的智能投顾时代。

- **机遇三：线上平台开展个性化客户运营，建立品牌形象、加强投资者教育。**

资管机构直接接触客户并开展投资者教育及客户运营的线上场景日益丰富。同时，资管机构可以借助线上交互不断积累客户的行为和交互数据，实现因材施教和千人千面。如蚂蚁财富推出财富号，为资管机构提供了围绕用户全生命周期的线上运营与交互平台。

- **机遇四：深耕垂直生态（如养老），更高效地获取并深度服务客户。**

找到会触发投资者财富管理需求的场景和生态，并携手生态合作伙伴为客户提供更契合其生活需求和痛点的综合解决方案，能够帮助各类资管机构更有效地获客并提高销售。如贝莱德iRetire能够为投资者提供覆盖全生命周期的综合性养老投资与规划服务。

- **机遇五：B2B2C，向财管机构输出专业能力，贴近终端客户。**

由于长期以来的产品驱动与刚性兑付，国内许多财管机构的专业能力仍在打造当中，这给资管机构带来了与财管机构合作共赢的机会。如嘉信搭建起RIA（独立投资顾问）服务与赋能平台，为超过7000名RIA提供了产品、投研观点输出、技术支持、职业发展咨询等服务。

（二）机构生态：以客户为中心，四类切入点打造解决方案模式

在资管新规引导资管业务回归本源和数字化技术不断进步的背景下，中国资管机构的机构业务生态也在经历不断的演进（见图3-2）。从国外经验看，解决方案型产品已经成为领先资管机构近年来发力的重点方向之一。2019年，全球解决方案型产品资产管理规模达12万亿美元，占整体规模的14%。解决方案型业务应遵循以客户为中心的发展主线，并考虑从触客层、产品层和技术层三个方向切入。

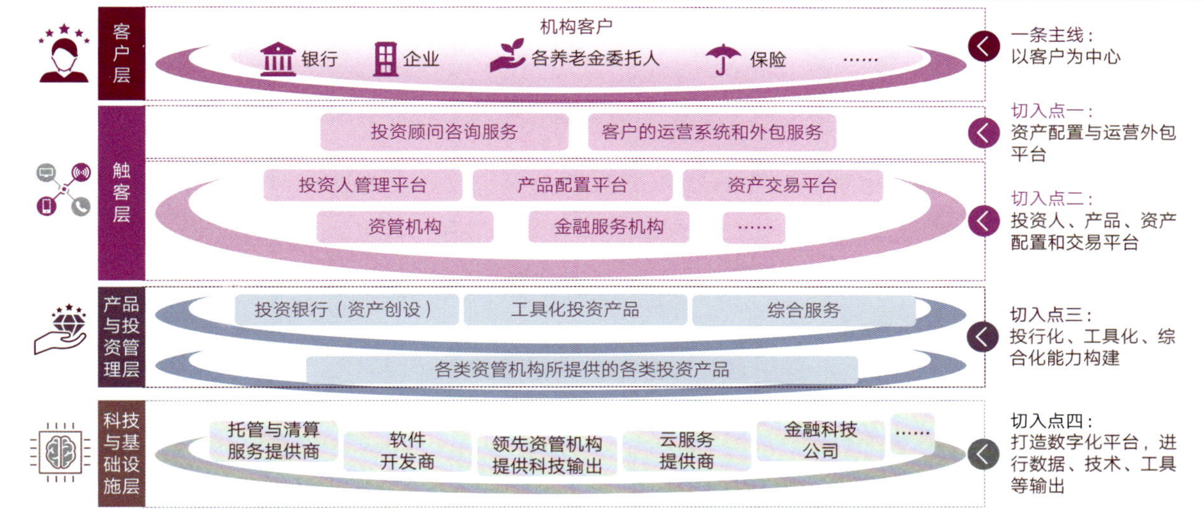

图3-2　中国资管机构面临的机构业务生态全景图

（资料来源：BCG分析）

以客户为中心的发展主线。如领先的大型保险或银行需要对接大量外部委外机构，同时有更多的工具化产品配置需求。资管和金融服务机构可以通过提供委外管理平台和外包服务平台等帮助其解决委外管理的痛点，另外，可以通过提供产品配置平台、工具化产品创设平台和资产交易平台等帮助其解决投资标的获取的痛点。又如，企业年金委托人关注养老金的收支管

理、资产负债匹配及员工福利管理等，资管机构则可为其提供养老金管理系统、员工福利管理系统以及相关的增值服务。

- 切入点一：基于多资产和多策略的综合投资能力以及运营服务能力，提供全面外包服务。

从海外市场经验来看，针对养老金客户、中小银行和中小保险机构，领先资管机构结合自身全面的多资产和多策略能力，以及强大的系统平台支持和运营服务能力，为客户提供全面投资外包解决方案。

- 切入点二：帮助客户获取和管理外部投资人、产品和资产。

打造外部投资人管理平台。例如，以客观的管理人筛选与评价体系和MoM业务见长的罗素投资（Russell Investment），连续九年被Pensions & Investments评选为全球顶级外包资产解决方案服务商，资产管理规模长期居于美国解决方案提供商的前三位。

打造外部资管产品获取和配置平台。例如，全球最大的对冲基金母基金（FOHF）黑石集团和瑞银资产管理有限公司，在传统母基金业务的基础上，为大型机构投资人提供开放平台服务，让机构投资人能够在其平台上直接筛选、配置和定制自己的母基金组合。

打造资产交易平台。大型机构投资者期望能够更加直接、高效地获取资产，包括ABS、信用债、非标和一级半市场等的投资标的。

- 切入点三：打造投行化、工具化、综合化产品和服务能力。

以工具化为例。随着机构资金配置需求的提升，催生近一年来对工具化产品投资的旺盛需求，推动中国被动产品市场近两年以平均年化60%的增速增长。增长的背后是机构债券、股票委外业务的配置化转型。结合海外市场发展规律，这一趋势将长期持续。

- 切入点四：打造数字化平台，提供数据、分析、技术等输出。

一方面，领先资管机构有能力打造数据和技术平台，为其他资管机构提供模块化、可复用的业务功能与应用。另一方面，随着算法、模型、数据与计算能力等要素的日益基础设施化，与自建基础设施相比，大部分资管机构会选择接受平台型服务（PaaS）。

四、投研再造：数字基因植入投研体系，数字资产孕育全新价值

（一）打造体系化投研能力，释放人才与数据潜能

中国资管机构的投研体系目前大多数为精英个人主义驱动，需要逐步进化到海外领先资管机构已打造多年的体系化平台能力驱动模式。因为从客户角度来说，越发成熟的投资者将从关注短期高收益逐渐过渡到追求中长期稳定回报和可解释的投资业绩；从机构角度来说，数字化时代的投研方式需要以平台型能力为基础；从政策角度来说，市场监管政策逐渐强化对资管机构信息披露和流程规范性、标准度和透明度的要求。

如图4-1所示，资管机构开展投研体系转型是自上而下的系统性工程。第一，机构内应建立长期坚持的投资理念，为投研工作提供方向性指导；第二，固化的投研流程能够将投资理念落实为投研工作的操作标准；第三，全面的投研互动机制能够促进研究与投资配合，提升投研转化率；第四，多层次的数字化平台能够丰富投研团队所用的数据、算法和工具，并将上述投资理念、投研流程和各类机制通过数字化工具固化下来。例如，国际资管巨头贝莱德就依托阿拉丁（Aladdin）系统，实现了数字化时代投研能力的体系化建设。

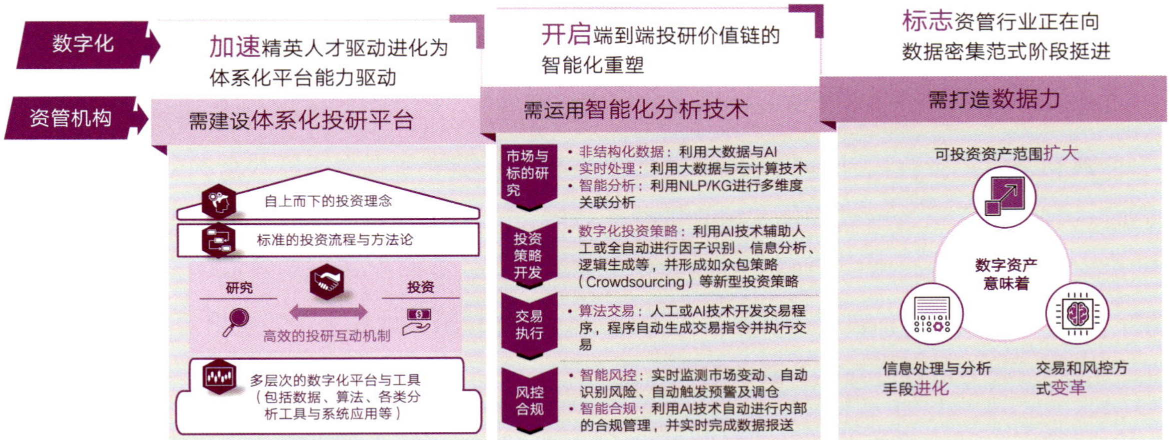

图4-1 数字系统固化投研体系，数字技术重塑价值链，数字资产点燃全新价值

（资料来源：BCG分析）

（二）数字资产：资管行业向数据密集范式挺进

大数据与高级分析技术和区块链技术的发展，推动了数字资产的兴起。数字资产兼具数字属性与资产属性，包括经技术革新后以数字形式在线上流转的传统资产和被赋予资产性质的新型资产（如数据）。数字资产丰富了可投资资产范围、进化了信息处理与分析技术、变革了交易和风控方式。这不仅提升了资本市场的广度、深度和效率，更标志着整个资产管理行业的生产要素配置模式正在向最高级阶段，即数据密集范式阶段挺进。

五、体系制胜：数据与科技中台建设，数字化组织适变应变

（一）大中台建设，数字化体系的基石所在

打造中台对资管机构有三方面的特殊价值：第一，中台能够提升前台投资团队的工作效率和对市场变化的响应速度；第二，中台可以打造通用的研究模块和数据库供各个团队调用和完善，将投研能力固化沉淀到机构平台，形成体系化的投研能力；第三，借助中台可以实现更为敏捷的开发上线和迭代以支持前台业务的快速变化和创新。

通常来讲，中台包括业务中台、数据中台和技术中台三大组成部分。

- 业务中台：前端业务“沉降”下来的一层可模块化、可复用的功能与应用。

- 数据中台：整合内外部数据资源，形成具有一定结构和规则、可共享的数据库和数据分析能力。数据是资管机构数字化的核心资源，如同“血液”贯穿资管业务的每一个环节。中国资管机构建设数据中台时应把握以下四大要素：第一，从战略上认识到数据中台建设是企业级举措；第二，重视数据治理等基础性工作；第三，充分利用云计算等手段提升算力和分析能力；第四，借助行业力量打造开放共赢的数据生态。

- 技术中台：用于支撑业务中台和数据中台的技术支持和工具资源包。技术是各类数字化应用得以实现的载体，如同“骨骼”支撑业务与数据中台共同发展。由于业务范围和所需功能应用的不断变迁，中国大部分资管机构都在某种程度上存在烟囱式系统架构问题，很难适应未来业务的发展。在分布式架构下，资管机构可以采用微服务的设计理念，进一步提升各个系统的敏捷性、兼容性和可延展性。

（二）数字化组织，大象起舞制胜智能时代

在数字化时代，资管机构推进战略上的转型和数据与科技等数字化能力的建设，需要通过从“大象”到“猎豹”的组织转型来承接与实现。

- 组织设计：需要建立横向部门，并可以通过“术”“法”“道”三个元素来推进整个组织的敏捷转型成功。对于资管机构而言，跨资产、跨市场的智慧投研团队，与负责搭建数据中台的数据团队等，都是横向部门的实例。
- 过程管理与工作方式：对于团队规模相对较小、人才梯队素质较高的资管机构而言，敏捷工作方法更凸显其价值，能够充分激发各成员的主观能动性和成员之间的有效协同。
- 人才管理：建议聚焦于两支新型人才团队的建设：第一支队伍是敏捷协作的系统开发队伍；第二支队伍是高水平、全方位的数字化与创新型人才队伍。同时，需要从职业序列、考核机制、工作管理模式三个角度打造针对上述人才的差异化管理机制。
- 企业文化：数字化文化可以分解为以客户为中心、开放协同、创新容错与充分授权、营造学习与发展环境这四个方面的内涵。

专题研究介绍

在每年的报告中，我们都选择了一些热点、重点议题进行专题研究，2019年报告我们覆盖了以下四个专题：

- 专题一：疫情之下，资管机构应对之道与投资使命再思考
- 专题二：他山之石，国际资管巨头的数字化雄心与路径
- 专题三：养老市场，如何抓住二三支柱的巨大机遇
- 专题四：被动爆发，替代主动趋势初现但挑战仍在

中国资产管理市场

2018

尘埃落定、以终为始、差异制胜、协同发展、科技突破

2018年是中国资管行业深化改革的一年。监管方面，资管新规尘埃落定，配套细则密集出台。市场方面，首次出现负增长，资金、渠道、产品、资产端结构发生显著变化。竞争方面，各类资管机构增速全面下滑，行业集中度开始提升。在2017年的报告中，我们从整体行业视角开展研究，判断未来中国资管市场增速、机遇和竞争格局。2018年，我们把视角放在资管机构上，探讨中国资管机构如何明确目标、如何差异制胜、如何实现集团化协同、如何拥抱科技。

一、尘埃落定：2018年资管新规落地，行业转型持续深化

2018年是中国资管行业深化变革的一年，中国人民银行等部门发布《关于规范金融机构资产管理业务的指导意见》（以下简称资管新规），多项配套细则也陆续到位。行业随之发生显著调整。

（一）规模：资管新规下通道业务进一步压缩，行业总规模首次下滑

2012—2016年，资管行业在金融创新发展的大背景下迎来黄金发展期，规模从2012年的26万亿元增长到2016年的112万亿元，年复合增长率高达 44%。从2017年开始，随着监管推动资管行业转型，规模增速显著放缓到7%。而到了2018年，随着资管新规落地，行业对通道的压缩进一步加强，市场规模首次出现负增长。截至2018年末，资管规模合计约117万亿元，较2017年末减少约3万亿元，降幅约2.5%（见图1-1）。

（二）结构：资金端、渠道端、产品端、资产端业务结构发生显著变化

资金端，养老资金增长加速，保险、零售、企业资金增长放缓。渠道端，从产品驱动向投顾驱动转型，科技创新了客户触达方式，公募理财产品渠道放开推动渠道多元发展。产品端，净值化转型全面开启，低风险产品规模增长。资产端，通道进一步压缩，非标比例下降，期限错配收窄。

中国资产管理规模——按机构划分（2012—2018年）

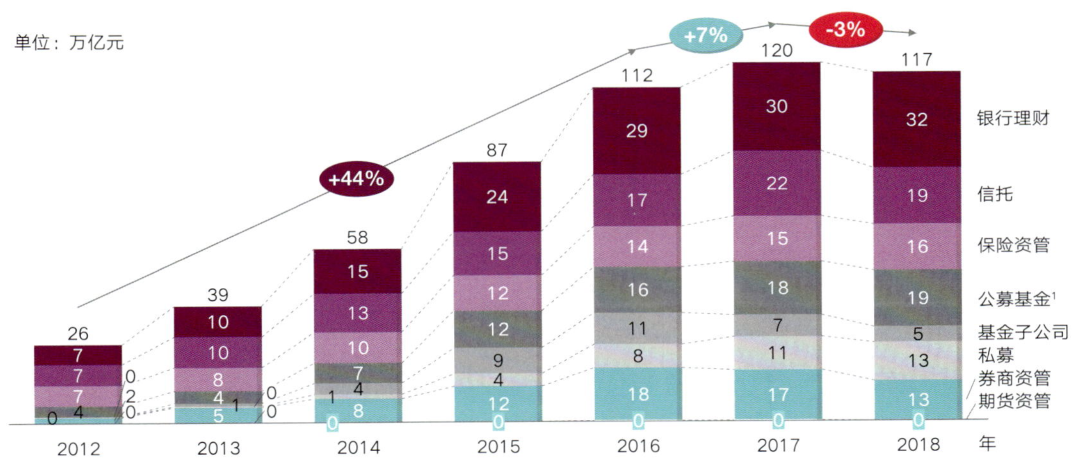

注：1. 包含公募基金公募和专户业务。

图1-1　2018年资产管理行业整体规模首次负增长

（资料来源：中国银行业理财市场报告、中国信托业协会、中国保险资产管理业协会、中国证券投资基金业协会、Wind）

（三）竞争：机构增速全面下降，行业集中度有所回升

在监管重拳下，2018年资管机构整体承压。具体而言，随着监管进一步打击通道业务，信托、券商资管、基金子公司规模大规模缩水。受到宏观环境、资本市场表现等多重因素影响，保险资管、公募基金、私募基金增速也出现明显放缓；而银行理财总规模虽有9%的增速，但增量全部来自保本理财，属于“真资管”的非保本理财规模不增反降（见图1-2）。

中国资产管理规模占比——按机构划分（2012—2018年）

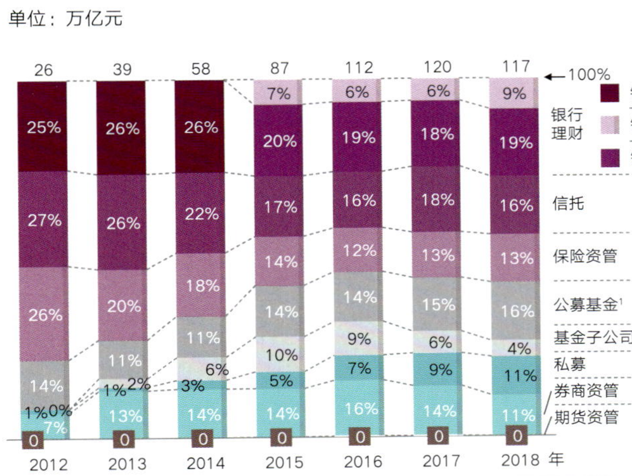

		2016年增长率	2017年增长率	2018年增长率
银行理财	银行理财（合计）	24%	2%	9%
	银行理财（保本）	18%	3%	35%
	银行理财（非保本）	25%	2%	-1%
信托		19%	25%	-14%
保险资管		15%	11%	2%
公募基金¹		25%	16%	6%
基金子公司		23%	-30%	-28%
私募		90%	41%	14%
券商资管		48%	-4%	-21%
期货资管		167%	-12%	-48%

注：1. 包含公募基金公募和专户业务。

图1-2　各资管主体表现整体滑坡

（资料来源：中国银行业理财市场报告、中国信托业协会、中国保险资产管理业协会、中国证券投资基金业协会、Wind）

行业整体集中度在2015年明显下降后，连续两年稳定于低位，并在2018年出现回升（见图1-3）。整个资管行业面临格局的洗牌重塑，依靠牌照优势、快速做大通道业务的机构面临巨大挑战，市场份额向头部机构集中。对比美国前二十大机构管理资产规模占市场超过48%的份额（中国为41%），中国资管行业的头部机构集中度仍有提升空间。

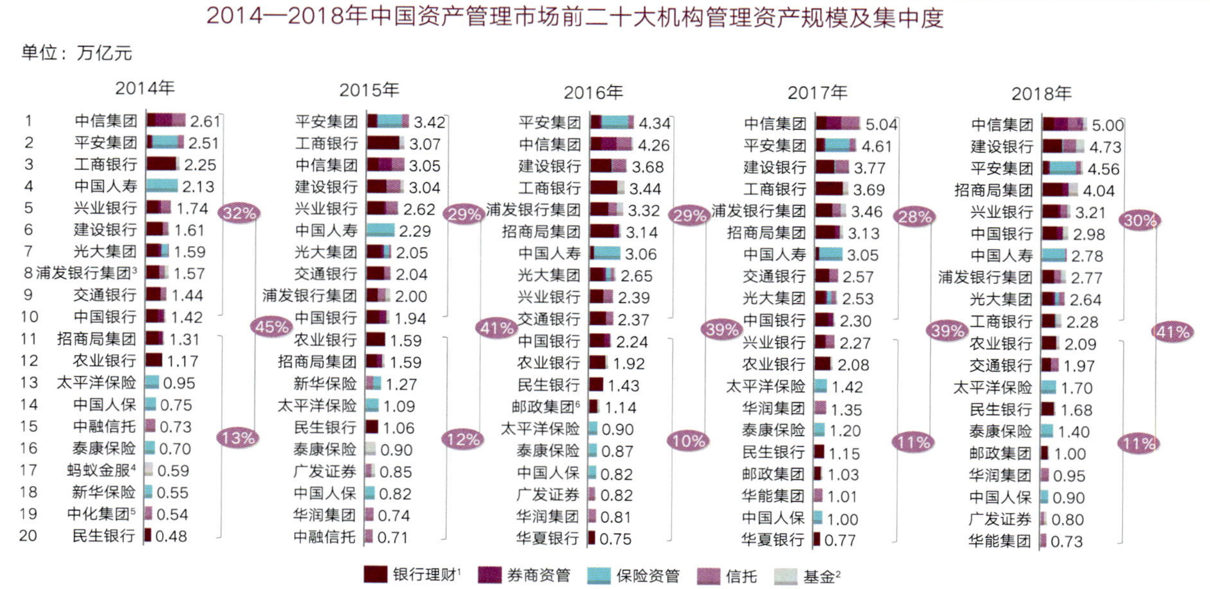

注：持股超过50%以上的子公司皆被纳入计算。

1. 包含保本与非保本。
2. 包含公募基金、基金专户和基金子公司。
3. 浦发银行集团含浦东发展银行、浦银安盛、上投摩根、上海信托。
4. 蚂蚁金服含天弘基金，不含网商银行（非资管）。
5. 中化集团含外贸信托，不含诺安基金（持股小于50%）。
6. 邮政集团含邮储银行、中邮证券、中邮基金，不含中邮保险（非资管）。

图1-3　中国大型集团管理资产规模和集中度变化

（资料来源：公司年报、中国证券投资基金业协会、中国信托业协会、东方财富Choice、案头研究、BCG分析）

二、以终为始：明确使命、目标、机遇，中国资管行业再出发

我们在2017年报告中提出，行业转型大幕已经开启，中国资管行业未来将经历“回归本源”和“全面发展”两大阶段。在环境巨变下，资管机构需要重新制定战略，指导未来发展方向和路径。站在行业全面转型的开局之年，我们建议中国资管行业牢记以终为始，从实体经济和客

户根本需求、助力解决日益凸显的养老痛点出发树立发展使命。

中国资管机构的全球地位相对落后，与中国经济体量以及资产管理市场总体规模并不匹配。近期，资管新规带来行业变革，外资开放倒逼转型加速。在未来5~10年，我们相信依托中国市场的体量和市场化的竞争环境，中国资管机构可实现打造具备全球化竞争能力的世界一流资管机构的目标。

单位：万亿元

排名	公司	规模
1	BlackRock	41.7
2	Vanguard Asset Management	32.1
3	State Street Global Advisors	18.2
4	Fidelity Investments	15.7
5	BNY Mellon Investment Management	12.4
6	Capital Group	11.8
7	J.P. Morgan Asset Management	11.5
8	PIMCO	11.5
9	Amundi	11.2
10	Prudential Financial	9.1
11	Legal & General Investment Management	8.7
12	Goldman Sachs Asset Management Int.	8.4
13	Wellington Management International	7.1
14	Natixis Investment Managers	6.5
15	T. Rowe Price	6.5
16	Nuveen	6.4
17	Northern Trust Asset Management	6.3

排名	公司	规模
18	Invesco	6.1
19	AXA Investment Managers	5.9
20	DWS (Deutsche Asset Management)	5.5
21	Affiliated Managers Group	5.5
22	UBS Asset Management	5.2
23	Insight Investment*	5.2
24	Sumitomo Mitsui Trust Bank	5.2
25	Aberdeen Standard Investments	5.1
26	Legg Mason	5.0
27	Franklin Templeton Investments	4.9
28	BNP Paribas AssetManagement France	4.5
29	Mitsubishi UFJ Trust and Banking	4.2
30	Allianz Global Investors	3.9
31	MetLife Investment Management	3.8
32	Dimensional Fund Advisors	3.8
33	Schroder Investment Management	3.7
34	BNY Mellon Asset Mngt. North America*	3.7

中国三家资管机构规模为4.5万亿~5.0万亿元，排名第27~28位

排名	公司	规模
35	APG	3.7
36	Generali Investments	3.6
37	AllianceBernstein	3.6
38	New York Life Investment Management	3.5
39	Asset Management One International	3.3
40	Columbia Threadneedle Investments	3.2
41	MFS Investment Management	3.2
42	Wells Fargo Asset Management	3.2
43	Morgan Stanley Investment Management	3.1
44	Aviva Investors	3.1
45	M&G Investments	3.1
46	HSBC Global Asset Management	3.1
47	Principal Global Investors	3.0
48	Western Asset Management Company*	2.9
49	Blackstone	2.8
50	Nomura Asset Management	2.8

图2-1 2018年全球资管机构规模排名

（资料来源：IPE数据库、BCG分析）

近年来，银行、保险等行业在金融科技的应用上率先取得突破。资管行业由于其业务的复杂性，对数字化关注度不够，改造进程相对落后。落后于其他行业的资管机构的数字化进程现状，也意味着中国资管机构存在“弯道超车”的机遇。关于金融科技在资管行业的具体应用与深刻影响，我们会在第五部分“科技突破”中详细阐述。

三、差异制胜：从海外成熟市场经验中探寻中国资管机构差异化方向

随着银行理财子公司、外资等新进入者入场，预计未来中国资管市场的竞争态势将持续加剧。资管机构只有根据自身资源禀赋，构建可持续的差异化竞争力，才更有可能在激烈的竞争中胜出。我们总结了海外成熟市场资管机构的五种制胜模式（见图3-1），为中国资管机构提供

借鉴，分别是：第一，凭借主动管理能力，通常专精于某项资产类型或策略类型的α精品店；第二，以被动投资为主，以规模优势和成本领先战略取胜的β巨头；第三，根据投资者的定制化需求提供一站式多策略、多资产解决方案的解决方案专家；第四，利用品牌与附属渠道优势提供多样化产品的分销巨头；第五，利用在融资服务和投资管理两端优势服务于机构客户需求的另类投融资机构。

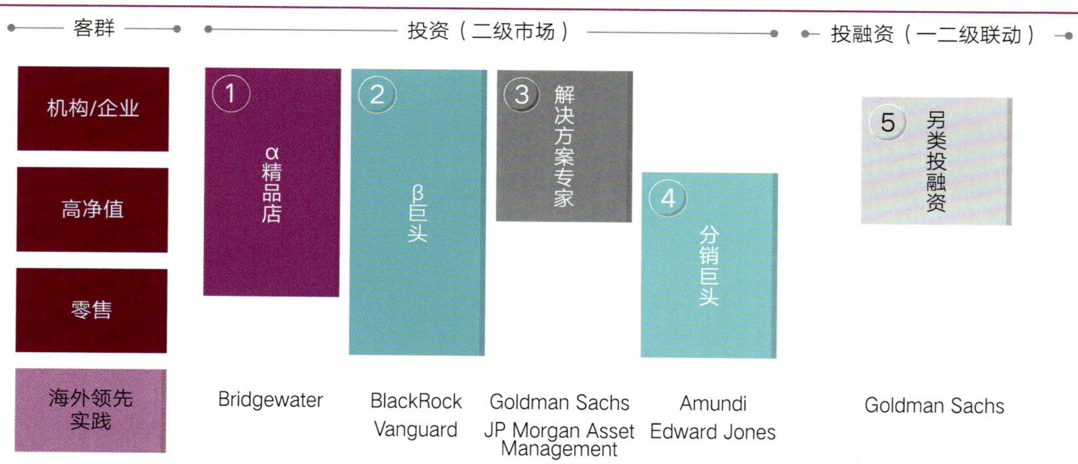

图3-1　我们观察到领先市场的五种制胜业务模式

虽有少数兼具多种模式的成功案例，但各类制胜模式所需的资源禀赋差异明显，我们认为中国资管机构应该结合自身资源禀赋，谨慎选择差异化定位方向并坚定执行。当然，因为每个子行业内部的不同资管机构在所处发展阶段、资源情况、优势劣势等方面存在差异，模式选择也需进一步定制。我们更多的是抛砖引玉，引发行业对差异化定位的思考。

- 银行资管：从分销巨头到全能资管。以母行客户为中心，分销驱动，打造集团协同平台是银行系资管短中期发展的重中之重，长期可基于强大的客户基础和资源优势，在各个客群和资产类型上进行布局，成为全客群覆盖、综合运用不同业务模式的全能资管巨头。

- 信托资管：聚焦另类资管，发展投融联动。依托房地产、基础设施等领域专长，开展投融联动，对于少数建立了较强财富管理能力的大型信托公司，可以考虑依托资金端分销优势。此外，部分平台能力强的信托机构可以进一步探索解决方案模式。

- 保险资管：从机构解决方案专家到全能资管。短中期的模式重点在于打造机构业务解决方案能力，能够为养老金客户、中小保险公司客户、银行资金客户提供综合解决方案。长期来看，未来如果零售业务领域的监管政策出现调整，保险系资管机构可凭借强大的资源禀赋基础，成为全能型资管巨头。

- 券商资管：另类投融资及机构解决方案专家。未来通过投行与资管的联动，券商可在私募股权、夹层等另类资管领域发挥投融联动优势。另外，除中信、中金等具备养老牌照的券商资管持续在养老领域发力之外，领先券商资管机构可以在银行资管委外、私人银行定制、中小保险委外市场，依托券商的资产获取和证券服务能力、一二级另类特色产品、科技服务能力等为客户提供综合解决方案。

• 独立资管：α精品店和解决方案专家，少数成为β巨头。众多中小公募和私募唯有聚焦打磨精品策略，依靠在细分领域的差异化优势寻求突破机会。对于部分头部公募基金机构而言，凭借养老牌照优势和主动管理能力，在养老资金、银行委外、保险委外市场上将获取一定的机构解决方案份额。ETF、场内货基等场内产品有典型的马太效应，少数公募凭借先发优势和持续投入，可能成为β巨头。

四、协同发展：从海外领先集团良好实践中探索中国集团化发展之路

集团下的资管机构拥有资金端、资产端、能力与体系共享、资金与资源支持四大协同机遇。然而，国内集团下资管业务普遍缺乏协同、整合。在分业经营的体系下，中国金融机构设立了大量的资管机构。以金融集团整体为视角，拥有超过五家以上资管主体是普遍现象，横跨银行、证券、保险、信托、公募、私募等各个金融子行业。集团下资管业务一方面纵向割裂，资管机构与集团之间在定位、协同、管控上缺乏共识和衔接；另一方面横向分散，各资管机构各自为战，同时争抢一家客户的现象屡见不鲜。

海内外金融集团在规模扩张和业务拓展的道路上，都会面临资源整合和协同发展的战略选择。在与中国金融市场较为相似的欧洲大陆市场，银行及保险系资管机构占据了资管市场前十名中的九席，可见集团对于资管机构发展至关重要。参考海外大型集团下资管机构发展的良好实践，我们认为资管公司集团化发展有三大核心要素，以下简要展开，希望能对从业机构提供借鉴和启示。

（一）明确集团协同定位：集团整合、全能布局

• 集团整合。资管业务规模制胜，同时各类资金和各类资产的管理在不同资管主体间有显著的协同效应，因此我们观察到海外集团资管在发展过程中都经历了从分散到整合的发展历程。集团整合可以采取多精品模式或者自上而下强整合这两种思路（见图4-1）。

• 全能布局。大型集团客户种类众多，需求多元。从服务集团客户出发，天然要求集团资管需全面覆盖各类资产类别和产品类别。

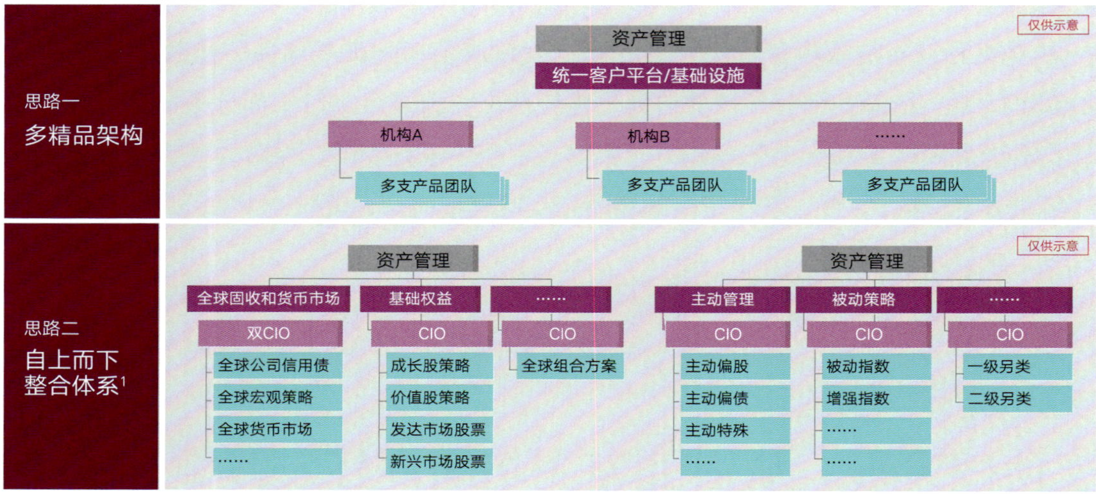

注：1. 可遵循大类资产或投资策略不同框架。

图4-1 组织架构调整可遵循多精品团队及自上而下整合两种思路

（资料来源：BCG分析）

（二）把握协同发展抓手：客户整合、积极并购、平台发展

• 客户整合。集团系资管的成功很大程度上依靠与母行、母集团在客户服务与渠道上的深度双向协同和整合。以Amundi为例，Amundi为母行渠道建立专属销售服务团队，深耕母行客户，做大规模（见图4-2）。截至2018年末，母行客户仍然是Amundi最主要的资金来源。

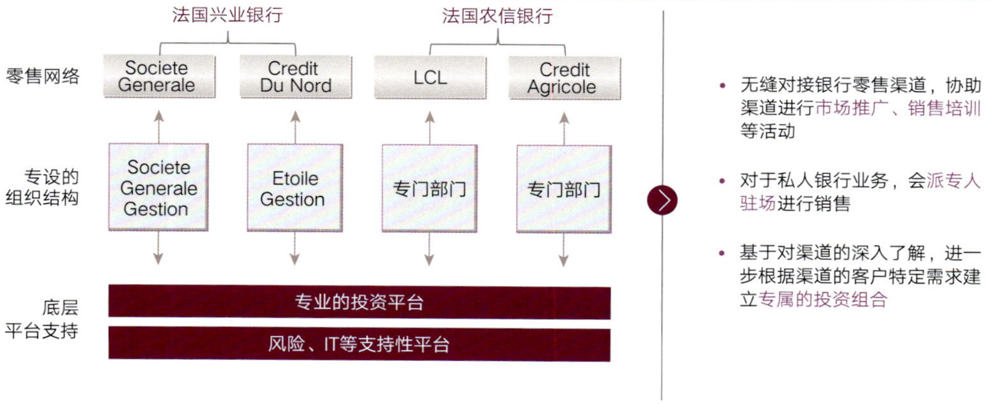

图4-2 Amundi为母行渠道建立专属销售服务团队，提供人员培训、市场营销等定制化服务，形成深度营销协同

（资料来源：公司报告、专家访谈、BCG分析）

• 积极并购。依托母行资本实力和平台能力，海外银行系资管不断通过并购获取分销网络、产品能力和规模。在发展过程中，Amundi通过成立合资企业、对外合作和收购三种方式，实现对关键市场的进入以及产品和能力的布局。

• 平台发展。依托银行资本实力和雄厚客户基础，运用并购、战略绑定等手段快速获取精品资管公司和团队，建立产品布局和投资能力，或者构建MoM平台，协同内外部优秀投顾团队。法国那提西银行（Natixis）正是因为成功搭建平台，快速建立多元独特的产品布局和投资能力，最终制胜欧洲市场（见图4-3）。

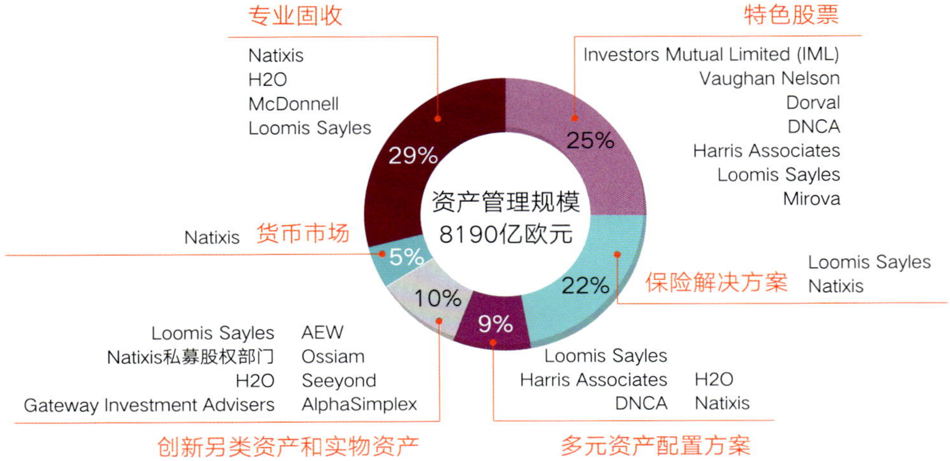

注：截至2017年9月的资产管理规模估计值，包含2017年10月4日对IML的收购。

图4-3 平台发展：Natixis搭建平台，提供多元、独特的主动投资策略

（三）建立适配管控和治理模式：认清差异、独立运营

• 认清差异。金融集团管控资管业务存在三大常见挑战：来自集团与资管在文化理念上“卖方文化”与“买方文化”的差异，在人才定位上强调“平台价值”和“以人为本”的差异，以及风险管理理念上的不同。

• 独立运营。长期来看，基于资管业务的代客服务独立决策以及专业性要求，集团的资管子公司在运营和管控设计上以“独立运营”为主。如图4-4所示，欧洲领先资管机构多在风险、技术、人力、财务等运营职能上保持高度独立，仅在品牌和基础运维上依赖母公司。

	Amundi 资产管理公司	BNP Paribas 资产管理公司	Deutsche 资产管理公司	Eurizon 资产管理公司
AuM（2016年排名）	10827亿欧元（欧洲第一）	5600亿欧元（法国第四）	7049亿欧元（德国第一）	2850亿欧元（意大利第二）
母行	法国农业信贷银行 法国兴业银行	法巴银行	德意志银行	Intesa Sanpaolo银行集团（意大利第一大银行）
品牌	✓	✗	✓（部分独立）	✓
风险	✓	✓	✓	✓
IT	✓	✓	✓	✓
其他职能管理（人力、财务等）	✓	✓	✓	✓
基础运维（IT运维、基础运营）	部分共享			

✓ 独立性强　✓ 部分独立　✗ 不独立

图4-4　欧洲银行资管子公司除品牌和基础运维以外，运营体系整体高度独立

五、科技突破：运用科技引领资管行业创新变革

正如前文所提到的，资管行业由于业务的复杂性，对数字化的关注度不够，改造进程相对落后。在BCG与摩根士丹利的一份联合调查中，资管行业的数字化指数在29个行业中排名靠后，也落后于银行与保险行业（见图5-1）。

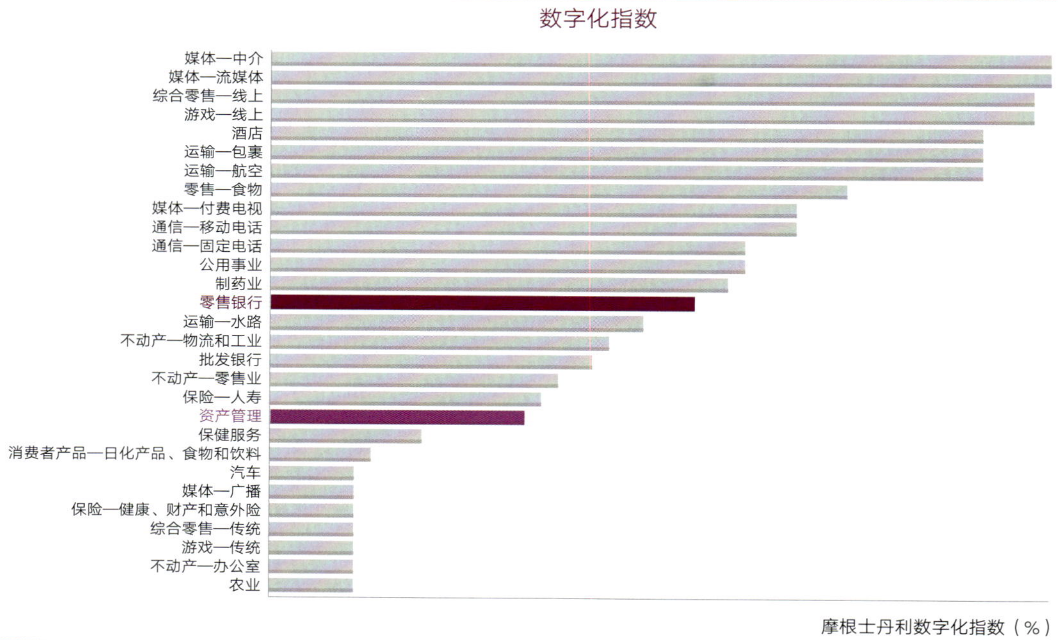

图5-1　资产管理整体数字化程度落后于其他行业

（资料来源：BCG—摩根士丹利联合报告《金融机构数字分析技术：从洞察到价值》）

当前，以RPA、大数据与人工智能（AI）为代表的各类技术已在重塑资管价值链各环节产生巨大价值。金融科技在资产管理行业的应用主要围绕以下四个环节展开（见图5-2）。

• 投研与投资：利用AI+大数据能够从数据分析的广度、速度、深度三个方面，极大提升资管机构的投研能力，选择最佳交易时间、最佳交易价格来优化交易，并可通过不断提升的计算能力创新投资策略。

• 营销与服务：通过不断的机器学习，深入对客户的理解，以合理分配营销与运营资源，并为零售端和机构端客户提供个性化的内容与服务，同时可通过AR/VR等技术为客户提供创新体验。

• 风控与合规：AI及大数据能够实现对海量因子的实时监测，加强对投资风险的及时预警及快速反应，同时，监管科技（RegTech）的运用能帮助资管机构提升监管合规能力。

• 运营/IT数字化：运用RPA/AI等技术，可将重复性工作自动化，提高效率解放人力。此外，长期来看，基于分布式记账技术（DLT）数据同步的特点，可穿透底层资产，降低信息不对称性，并提高交易与信息共享效率和透明度。

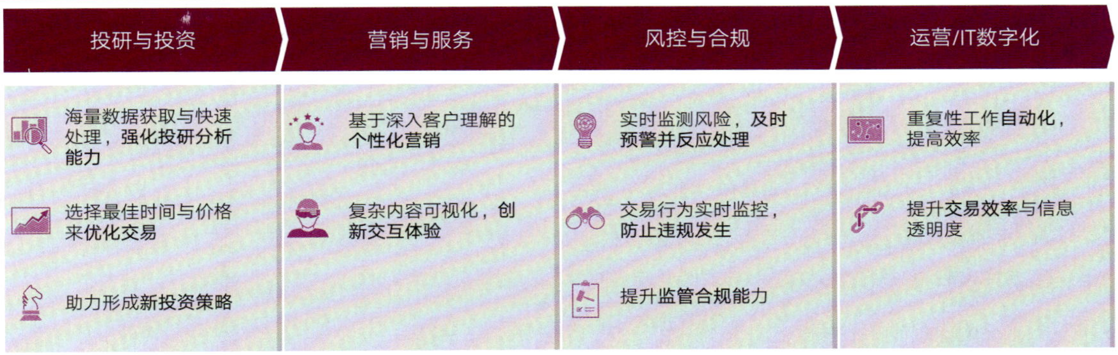

图5-2 金融科技重塑资管的投研与投资、营销与服务、风控与合规、运营/IT数字化 四大环节

在数字化时代，资管机构将在战略与商业模式以及运营模式等方面全面升级。为实现从被动跟随到技术引领的跨越式发展，资管机构应坚定科技投入的战略决心，并打造适配新战略的支撑体系，构建敏捷前台、强大中台的敏捷组织，营造创新容错、吸引人才、协同合作文化，通过生态协同或投资并购获取科技能力并形成体制突破。

专题研究介绍

在每年的报告中，我们都选择了一些热点、重点议题进行专题研究，2018年报告我们覆盖了以下四个专题：

- 专题一：银行资产管理业务的转型和发展动态
- 专题二：中美养老体系比较及对中国资管机构的启示
- 专题三：解决方案型商业模式介绍
- 专题四：财富管理与资产管理业务的协同

中国资产管理市场

2017

回归本源、动能转换、市场广阔、格局重塑

2017年是中国资管行业发展史上具有历史转折意义的关键一年。资管新规发布后中国资管市场的内涵和发展逻辑将发生实质性转变。展望未来，中国资管行业的规模和结构将发生哪些变化？增速和结构调整将带来哪些新的机遇？中国资管市场竞争格局将如何演变？本报告将一一探讨。

一、回归本源：2017年是中国资管市场转型元年

回顾2017年，监管调整是行业变化的主线。监管规定密集发布，推动资管行业规则重塑，引导市场回归本源。

在监管政策影响下，市场增速迅速放缓。2017年末，中国资管市场规模达到120万亿元，较2016年末的112万亿元仅增长了7%。与2012年至2016年44%的年化增长率相比，2017年的市场规模增速可谓“紧急刹车”（见图1-1）。

中国资产管理规模——按机构划分（2012—2017年）

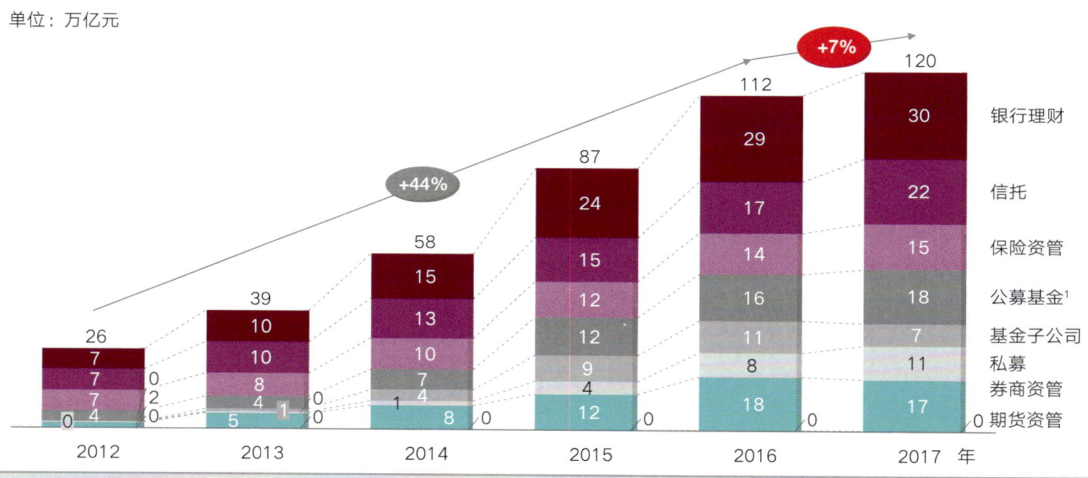

注：1. 包含公募基金公募和专户业务。

图1-1　2017年中国资产管理规模增速明显放缓

（资料来源：中国银行业理财市场报告、中国信托业协会、中国保险资产管理业协会、中国证券投资基金业协会、Wind数据库）

同时，各类资产管理机构规模增速普遍放缓（见图1-2）。2017年各主要资管行业通道业务占比仍处高位，其中基金子公司、券商资管通道业务占比较高，分别达到80%和68%，因此，2017年规模不增反降。保险、公募等主动业务占比高的机构受到的直接影响较小，维持了规模的持续增长。银行理财受银监会治理和资管新规影响，全年增长停滞。信托行业尽管通道业务和预

期收益产品占比高，但由于监管政策尚未明确，依然保持增长。

中国资产管理规模占比——按机构划分（2012—2017年）

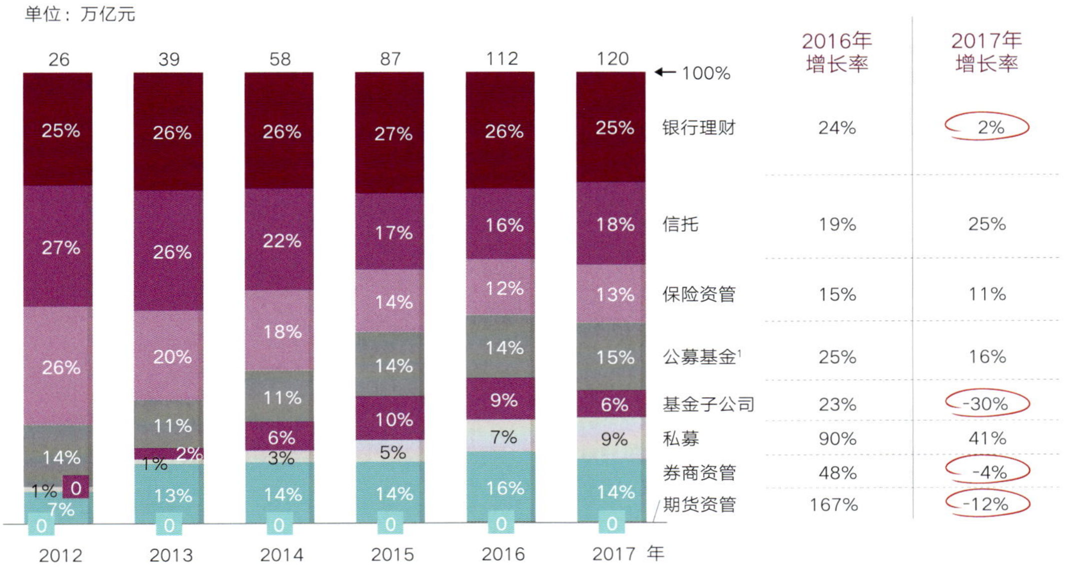

注：1. 包含公募基金公募和专户业务。

图1-2　各类资产管理机构规模增速普遍放缓

（资料来源：中国银行业理财市场报告、中国信托业协会、中国保险资产管理业协会、中国证券投资基金业协会、Wind数据库）

二、动能转换：资管新规发布前后中国资管市场内涵和发展逻辑发生本质变化

2017年以前的中国资管市场处于“泛资管”时代，其发展的主要动力是理财影子银行背后的表外融资需求和投行通道业务背后的监管套利需求。行业尽管取得了高速增长，但是明显“虚胖”。

而从2017年开始，资管行业将朝着“真资管”方向迈进，资金端与资产端的风险偏好与收益传导机制恢复，行业的增长源自居民财富管理和机构投资需求、实体经济的真实融资需求、资本市场的蓬勃发展和科技的进步。

在“泛资管”时代，通过银行理财影子银行体系，短期的理财资金与长期的各类资产进行错配，推动资管市场规模不断攀升。

“泛资管”时代行业取得高速增长，但严重“虚胖”。中国资管市场规模从2012年的26万亿元迅速扩张到2016年的112万亿元，年复合增长率高达44%。然而在整体规模中存在超过30%的通道业务。

根据我们的测算，若剔除通道业务，2017年整体资管规模约为81万亿元（见图2-1）。在“泛资管”时代，资管产品同质化严重，金融体系定价和风险传导机制失效，系统风险加剧。

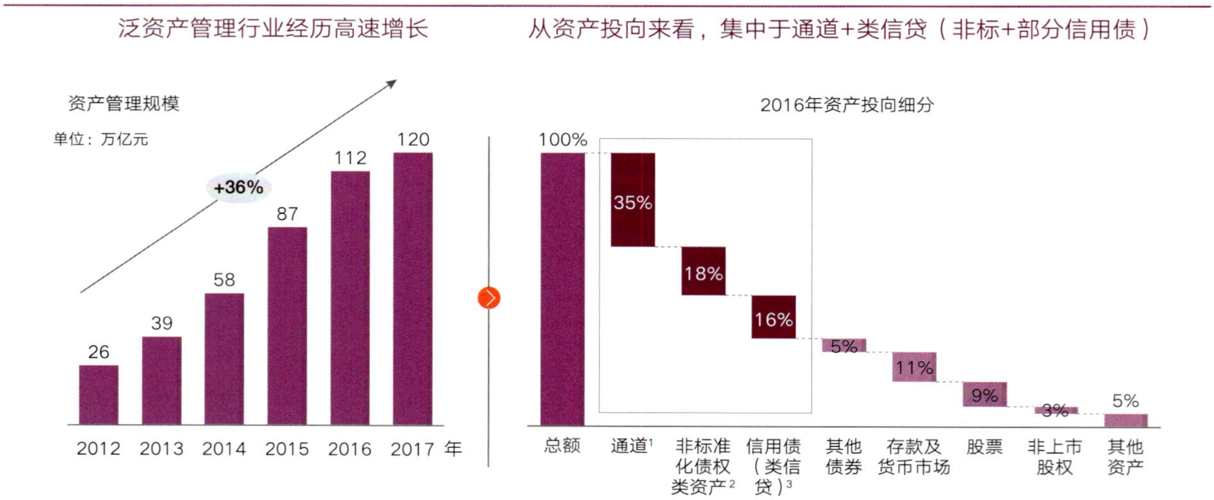

注：1. 资金来源于其他机构，在其他机构的直接指令下进行投资操作，通道方在其中只提供牌照便利性。

2. 非公开发行且不具备较高流动性的信贷资产。

3. 其中大部分由银行投行部发行，作为银行信贷的替代物，不具备高流动性。

图2-1　泛资产管理行业的规模高歌猛进，然而大部分实质为影子银行业务

（资料来源：Wind数据库、BCG分析）

“真资管”时代的资产管理业务内涵与过去不同。我们预计影子银行资管业务将逐步去化，相关业务需求转为表内信贷融资、直接融资工具以及符合规范的私募投行和资产管理业务。

私募投行业务仍将大量存在，在中国直接融资市场尚不发达时，其仍将是中国金融体系内的重要组成部分，在规范经营的前提下推动各类投资需求与融资需求的有效对接。而随着预期收益型产品的去化，一级、二级资产管理业务将蓬勃发展。

“真资管”时代的资管机构将重新定位，与各类客户的真实需求直接对接。资管新规落地后，预期收益型产品将不再具备以往的虹吸效应，资金重新分流，过去被短期预期收益产品掩盖的客户真实风险和流动性需求开始显现，对接市场上的多元产品和服务（见图2-2）。

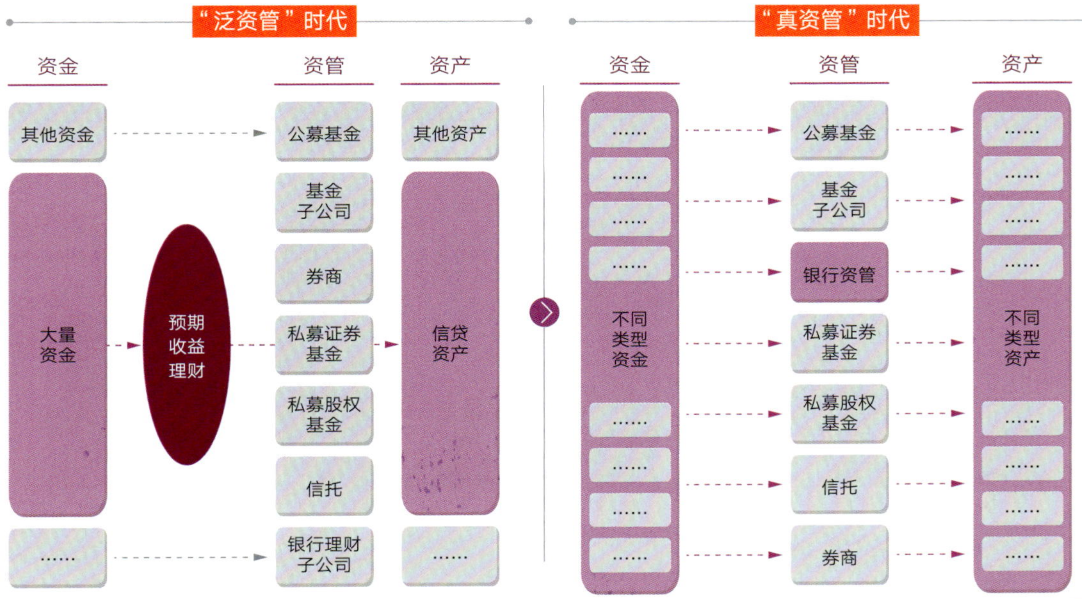

图2-2 “真资管”时代各类机构重新定位，与客户真实需求直接对接

（资料来源：BCG分析）

行业发展动力由“泛资管”转向“真资管”的变化将引发行业生态的全面转变，中国资管市场将在监管端、客户端、渠道端、机构端、产品端、资产端以及基础设施七大领域全面转型。

- 监管端：多元趋于统一，整体回归本源，站在更健康的地基上去迎接更持续的发展。
- 客户端：真实风险偏好显现，预期收益理财资金分流，委外业务调整。
- 渠道端：从产品销售驱动向以客户为中心的财富管理模式转型。
- 机构端：牌照红利下降，差异制胜时代来临，行业面临洗牌。
- 产品端：从预期收益型的刚兑产品向多元策略转变。
- 资产端：非标资产转向标准化资产。
- 基础设施：资本市场深度、投资者成熟度、法规健全度进一步提升。

三、市场广阔：规模增速先抑后扬，结构调整带来巨大机遇

站在行业转折点展望未来，我们认为行业正处于最坏也是最好的时代。进入转型期，机构将面临增长下滑、监管合规、能力升级等艰巨挑战。但同时预示着大量结构性机遇，资管机构

若能把握机遇，则更有可能实现“弯道超车”，建立领先地位。

我们认为接下来中国资管市场的发展将进入两大阶段（见图3-1）。

中国资产管理规模（2012—2025年）

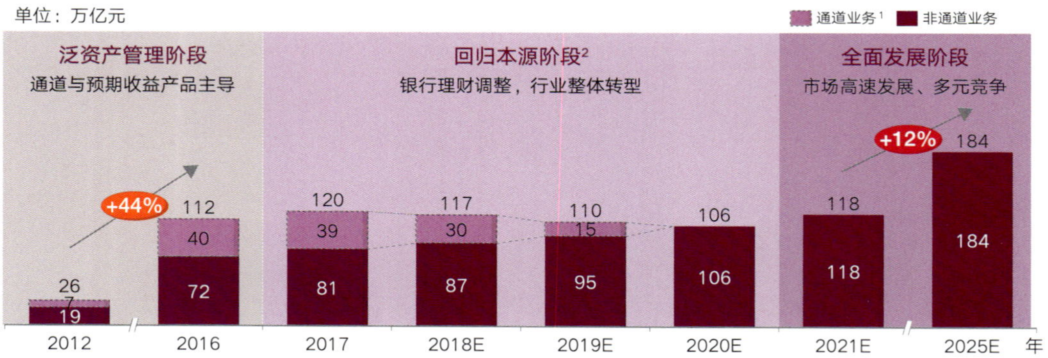

注：1. 通道业务包含信托公司、券商资管、基金子公司以及基金管理公司非公开募集资本中被动依靠外部机构客户（如银行）的资源所开展的相关业务。

2. 回归本源转型阶段的市场规模不含通道业务规模，不过通道业务依然存在。

图3-1　中国资产管理市场未来将经历两大阶段

（资料来源：BCG中国资产管理模型、BCG分析）

（一）回归本源阶段（2017—2020年）

未来三年，中国资管市场将处于回归本源的转型阶段，总量下降，结构调整。

我们预计在这一阶段，行业的整体规模不会显著增加，甚至从各类机构总规模来看，随着通道业务不断消亡、各类机构管理资产总规模还会减少，此外，内部结构也将发生实质性变化。同时，净值型资管类产品开始蓬勃发展，其中主动产品、被动产品、解决方案、另类资管等各类产品竞相发展，填补预期收益型产品压降之后的市场空白，给市场带来新的制胜机遇。

（二）全面发展阶段（2021年以后）

预计从2021年起，随着资管新规的转型期顺利结束，中国资管市场将开启全面发展的新篇章，重拾增速。

各类资管机构将基于自身资源禀赋开展差异化良性竞争，并且随着市场上产品的净值化转型、居民财富的提升、渠道数字化等因素驱动，客户的理财需求和理财理念将发生升级，推动资产管理产品的渗透率不断提升。预计2021—2025年，资管市场将迎来新一波增长，保持年化12%的增速，2025年规模将超过180万亿元。

行业业务结构调整也往往酝酿着巨大的阶段性机遇。我们将尝试从客户结构、风险偏好结构、分销渠道结构和产品策略结构四个方面进行预测，与行业从业者探讨未来的潜在机遇。

- 客户结构：随着基本养老渗透率提升、职业年金的入市和个人商业养老相关政策支持的落地，预计未来养老金将迎来高速增长机遇，2025年资金规模占比约7%；银行委外业务品种和委外方式将发生改变，预计2025年占比将降至约8%；随着保费收入的稳步上升，保险资金规模将保持中高速增长，预计2025年资金规模占比约16%；零售仍占据中国资产管理市场主导地位，预计到2025年资金规模占比将达到63%，其中大众零售和高净值客户各占半壁江山。

- 风险偏好结构：中国零售客户的资产配置目前主要以无风险、低风险投资为主，两类资产的占比长期保持在70%左右，资管新规落地后，预期收益型资金将存在三种分流方向：一是真实风险偏好较低的客户将更看重品牌背书及收益稳健性，回归银行表内存款或货币基金等类存款资管产品；二是真实风险偏好较高的投资者预计将更加倾向于选择主动管理能力较强的投资机构，希望通过投资股票型基金及私募股权产品获取较高收益；三是风险偏好适中的客户大概率仍将投资于各种类固收理财产品，但预计对于净值波动的容忍度较低。值得注意的是，由于短期投资思维在中国市场较为普遍，产品端的分流选择与资本市场环境及市场情绪密切相关。

- 分销渠道结构：一方面，资管新规落地后，客户选择净值化投资产品难度大幅增加，需要传统金融机构提供线下投资顾问服务。另一方面，随着用户数量、数据的积累和科技的提升，线上渠道也在积极寻求通过智能投资顾问等手段实现线上或远程转化。我们认为未来线上与线下仍将长期差异化竞争，同时两者的融合将是主要趋势之一。

- 产品策略结构：随着存量的预期收益型产品逐步退出历史舞台，总体产品结构将发生较大调整。虽然主动管理产品长期仍将占据市场主位，但客户需求复杂度和投资策略将持续升级发展，工具型产品、解决方案型业务将成为未来中国资管市场发展的新动力。同时，在持续资产荒和中国实体经济创新转型的大背景下，预计另类投资仍将长期保持繁荣。

结合对客户结构、风险偏好结构、分销渠道结构、产品策略结构动态变化的判断，我们尝试提出中长期中国资管市场潜在的十二大业务机遇，仅供从业者参考和讨论。

- 战略性布局养老业务，积极把握未来新一轮牌照开放机遇。
- 短期抢占职业年金业务市场，中长期布局第三支柱个人养老投资账户。
- 中小银行和中小保险机构解决方案业务。
- 大型银行MoM、FoF及相关委外合作。
- 资管与财富管理业务的深度协同。
- 理财替代型绝对收益产品。
- 绝对收益型产品、主题型产品与互联网的结合。

- 线下与线上渠道的结合。
- 场外主题型被动产品与零售客户需求的结合。
- 工具型产品与机构客户需求的结合。
- 私募投行业务与企业融资需求的结合。
- 实体经济转型背景下特殊机遇基金与持有型地产基金。

四、格局重塑：三大要素推动中国零售、机构市场形成差异格局

对比美国、欧洲、日本的竞争格局我们不难发现，客户结构、分销格局和金融体系格局三个要素对一个国家资管市场的竞争格局起到关键决定作用（见图4-1）。

	有利于银行系资管	有利于保险系资管	有利于独立系资管
客户结构	以个人资金为主	保险资金占比高	养老金占比突出
	风险偏好保守	风险偏好保守	风险偏好激进
分销格局	分销格局封闭	分销格局封闭	分销格局开放
金融体系格局	牌照差异化监督 开放程度较低	牌照差异化监督 开放程度较低	功能监管，无差异化监督 开放程度高
	资本市场欠发达	资本市场发展有限	资本市场高度繁荣
	混业和分业经营的历史路径：对三大系资管机构的影响因国家而异		

图4-1　竞争格局受到客户结构、分销格局、金融体系格局三大因素影响

（资料来源：BCG分析）

• 客户结构：主导客群是个人还是机构？个人客户更容易受机构品牌和渠道的影响。机构客户更看重委托机构的投资管理能力，因此机构资金占比较高时容易推动独立系资管机构发展。此外，客户风险偏好趋于稳健还是激进？在风险偏好保守的资管市场中，银行及保险系资管机构可依托稳健的品牌形象和资管产品获得投资者青睐。而当市场偏好更加激进时，独立系

资管机构更易凭借主动管理能力，在权益、另类等高收益资产领域取胜。

• 分销格局：渠道定位侧重开放还是封闭？各国（地区）市场渠道开放程度受监管要求、客户风险偏好等因素影响。例如，美国监管严格，要求渠道开放，强调消费者利益保护，要求产品销售和财富顾问机构保持高度的第三方独立性，在这样的市场环境下银行系资管机构等无法有效利用自身的渠道优势。而欧洲市场则相反，自产自销非常普遍，大型机构间极少代销对方产品，投资者普遍信赖银行、保险等大型机构，因此银行及保险系资管机构更具优势。

• 金融体系格局：各资管主体间是否存在牌照差异？当牌照间差异较大时，不同类型机构的资管业务范围存在差异，天然导致竞争力差异。金融机构地位是否存在差异？例如，欧洲金融市场以全能型银行和大型保险集团为主导，大型银行和保险集团在品牌、客户、资金、渠道等方面全面领先。

在客户结构上，中国与欧洲更为相近，零售资金占比高，保险形成一定规模，且投资者的风险偏好较为保守。在分销格局上，中国介于欧洲和美国之间，渠道独立性要求不高，但与欧洲的排他销售格局相比仍有差别。

在金融体系格局上，中国与欧洲接近，都是银行占据主导地位。而在监管体系上，中国与日本有相似之处，监管遵循分业牌照逻辑，各牌照可从事的业务范围差异显著，并由此产生了先发优势区别。

综上所述，我们预计中国未来可能演进出差异化的竞争格局。零售市场，预计类似欧洲和日本的市场格局，银行系资管机构若能够有效发挥母行渠道优势，中长期更可能胜出。机构市场，更强调先发优势和专业能力的比拼，预计大型公募、保险系资管机构凭借先发优势和专业能力优势，中长期仍将保持机构市场竞争优势。

专题研究介绍

在每年的报告中，我们都选择了一些热点、重点议题进行专题研究，2017年报告我们覆盖了以下四个专题：

- 专题一：美国货币基金打破刚兑的历史经验
- 专题二：银行理财的前世今生
- 专题三：资管新规推动中国财富市场深刻转型
- 专题四：海外资管市场与中国资管市场结构差异比较

中国资产管理市场 2016

繁荣持续、隐忧凸显、溯本清源、转型发展

2016年中国资管行业喜忧参半、暗潮涌动。规模方面，整体行业规模再创新高，繁荣持续。机构方面，外压下机构投资为保收益增加风险，风险持续累积。生态方面，多嵌套、多通道，不利于金融稳定。监管方面，“重规范、防风险”，引导行业回归本源。我们指出，当前资管市场诸多隐忧背后是“少、同、短、刚、分”这五大根本问题。本报告深入洞察了国外发达资管市场的特点和发展经验，并探索中国资管行业未来的转型发展方向。

一、繁荣持续：百万亿元凸显地位，强监管规范市场

2016年是资管行业发展十分关键的一年，也是波澜起伏、充满变化的一年。总体而言，市场繁荣持续，呈现四大特征。

（一）规模：资管市场规模在2016年已突破百万亿元，在整个金融体系中占据的地位越发凸显

中国资管行业的规模在近几年经历了突飞猛进的扩张，并在2016年实现28%的年增长，达112万亿元，相当于年度GDP的151%，已接近中国银行业总资产规模的一半（见图1-1）。

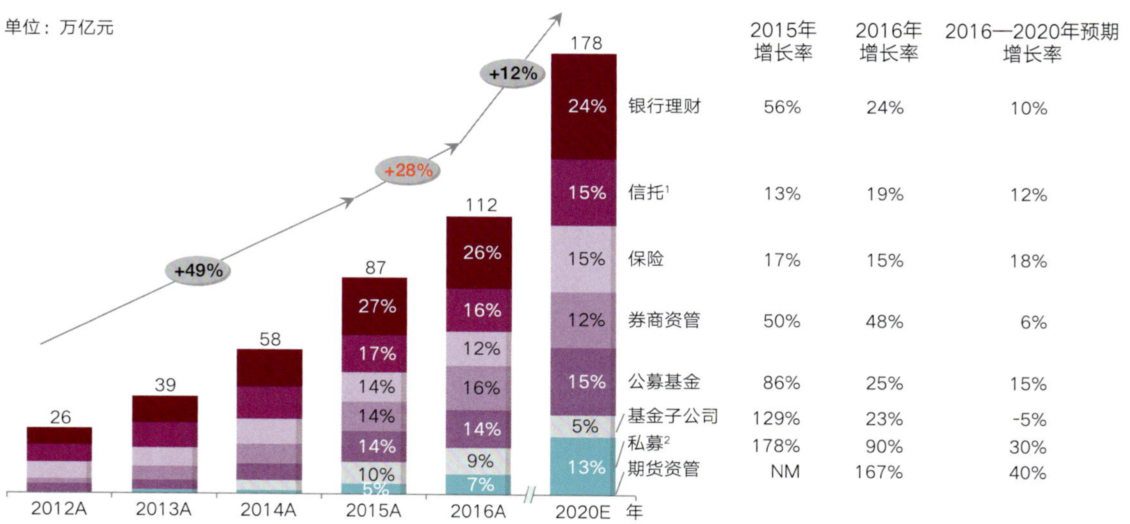

机构	2015A	2016A	2020E	2015年增长率	2016年增长率	2016—2020年预期增长率
银行理财	27%	26%	24%	56%	24%	10%
信托[1]	17%	16%	15%	13%	19%	12%
保险	14%	12%	15%	17%	15%	18%
券商资管	14%	16%	12%	50%	48%	6%
公募基金	14%	14%	15%	86%	25%	15%
基金子公司	10%	9%	5%	129%	23%	-5%
私募[2]	5%	7%	13%	178%	90%	30%
期货资管				NM	167%	40%

注：1. 信托规模不包含财产权信托。

2. 与上年报告比较，私募规模从认缴规模修正为实缴规模。

图1-1　2016年规模再创新高，达112万亿元，实现28%的增速

（资料来源：中国证券投资基金业协会、银行业理财登记托管中心、中国保险行业协会、中国保险资产管理业协会、普益标准、BCG分析）

（二）产品：固收高权益低，货币基金、私募基金发展迅速

从资管机构的资产投向分布来看，整体更加偏向固定收益类配置，权益类占比较低。从产品策略构成来看，呈现出以下显著特点：

- 国内大部分资管产品难以从策略上进行明确归类；
- 我国的货币基金占比远高于美国；
- 我国的私募基金近年来规模飙升，公募基金的发展一定程度上已相对滞后于私募基金；
- ETF等被动策略基金在中国尚处于萌芽阶段。

（三）机构：投资压力攀升，加风险保收益，中小机构繁荣

2016年，宏观外部因素的诸多不利给资管机构带来巨大挑战。压力之下，机构通过加杠杆、加大期限错配、提升风险偏好等方式来维持收益成为普遍现象。从机构市场份额看，2016年中国市场“赢者通吃”现象部分出现逆转，一定程度上也映射出中小型资管机构正在通过更加激进的操作扩张规模（见图1-2）。

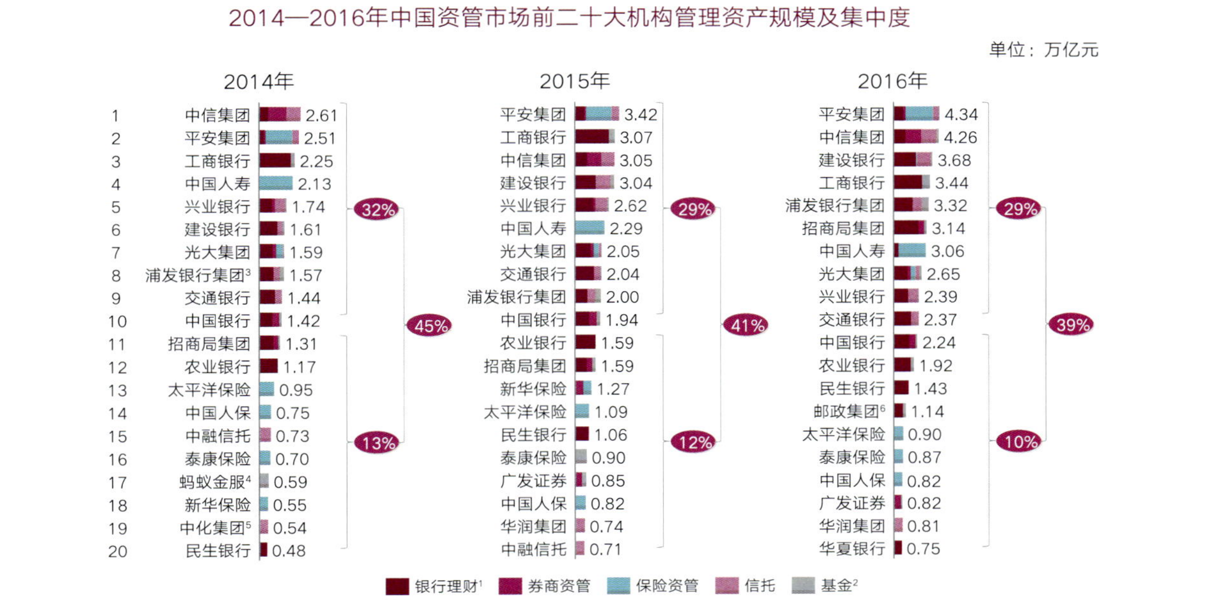

注：持股超过50%以上的子公司皆被纳入计算。

1. 包含保本与非保本。
2. 包含公募基金、基金专户和基金子公司。
3. 浦发银行集团含浦发银行、浦银安盛、上投摩根、上海信托。
4. 蚂蚁金服含天弘基金，不含网商银行（非资管）。
5. 中化集团含外贸信托，不含诺安基金（持股小于50%）。
6. 邮政集团含邮储银行、中邮证券、中邮基金，不含中邮保险（非资管）。

图1-2　中国大型集团集中度自2014年以来有所下降

（资料来源：公司年报、中国证券投资基金业协会、中国信托业协会、东方财富Choice、案头研究、BCG分析）

（四）监管：加强联合出击，防风险、重规范

2016年是资管的“强监管年”，无论是规范性文件的发布数量和新规的严厉性，还是监管查处违规的力度和处罚数量，都有大幅增加或增强。从规范的内容来看，监管在多个方面体现出高度一致的思路，强化监管的方向包括去杠杆、去通道、去刚兑、禁资金池、严格投向、提高准入和规范委外等。中国人民银行在开展宏观审慎监管的过程中，也在逐步加强对资管行业的引导和管理。

二、隐忧凸显：拉低融资效率，积累金融风险

在资管规模持续繁荣的另一面，市场也积累了诸多问题，隐忧凸显。我们在2016年报告中指出，资管行业诸多隐忧背后存在“少、同、短、刚、分”五大根本问题。

（一）“三高”投资：高杠杆、高期限错配、高风险偏好

外压之下，资管机构通过“三高”的投资方式，努力维持对投资者预期收益的承诺。行业刚性兑付的持续会继续扭曲市场对风险的定价、加剧利差倒挂，从而刺激资金进一步脱实向虚，影响实体经济发展。因此，“三高”不仅会对资管行业自身造成较大影响，也将对整体金融、经济、社会稳定带来较强负外部性。

（二）特色生态：嵌套繁多、通道难消

中国资管行业多嵌套、多通道，直接拉长了资金链条，推高社会融资成本，并使风险分布更具隐匿性，影响经济发展和金融稳定。嵌套本身也大幅增加了有效监管的难度，局部打击难以降低整体规模。不过，资管机构嵌套其他资管产品，可根据产生动因不同而分为三种类型，其中部分具有一定的主动管理价值的嵌套（如FoF和MoM），未来具备广阔发展机遇，需与其他通道业务区别对待。

（三）五大根本问题：少、同、短、刚、分

- 少：资本市场缺乏量大、多样、长期、优质的标准化资产，缺乏风险对冲工具，股市缺

乏创造长期持续收益的历史。

• 同：资管机构缺乏差异性投资策略、同质化程度高、竞争白热化等外部约束和问题，是中国资管行业为何会出现机构拼命加风险、生态多重嵌套等现象的根本原因。

• 短：短期资本占比高，逐利性很强；投资者保守、缺乏风险承担能力。

• 刚：出于规模和效益考虑，资管机构存在隐性刚兑的动力和惯性。

• 分：生态多通道、多嵌套的根本原因是监管的“分”使然。

三、溯本清源：聚焦发达国家或地区资管市场的特点和经验

美国和欧洲是全球规模最大的资管市场，在产品结构和机构生态上较中国市场更加成熟和规范，为未来中国资管市场的演进方向提供了参考（见图3-1）。

		美国	欧洲	中国
资管规模及地位（2015年）		41万亿美元 2.2×GDP	23万亿美元 1.3×GDP	10万亿美元[1] 0.93×GDP
① 资管产品特点		集合：专户 = 2.5：1 集合类主要为基金[3]	基金：专户[2] = 1：1	集合：专户[4] = 1：1.3 集合类中按基金监管的[5]占45%
		基本为净值型产品，投资者风险自担；没有收益刚兑现象，仅有本金刚兑现象（如货币基金）		仍有大量非净值型产品；理财及多类资管计划存在收益的隐性刚兑
② 资管机构生态	竞争格局	混业竞争； 独立系>银行系>保险系	混业竞争； 银行系>保险系>独立系	分业竞争； 银行系>保险系>其他
	业务模式	全能型和精品型的模式共生，不同子领域能形成差异化的领先者群体		尚未形成真正全能型资管，整体同质化程度高
	嵌套特点	嵌套存在但是基于投资策略，中间层创造主动管理价值，多见FoF和MoM（包括一家或多家委外）；不存在“两头在外”的通道业务		多嵌套，很多中间层为通道，欠缺主动投资管理价值

注：1. 不包括通道部分。

2. 为2014年EFAMA披露数据；集合类产品仅统计按照UCITS和AIFMD统一监管的各类基金，不包括投资连结保险（相当于美国的变额保险）。

3. 这里的基金指的是按照《投资公司法》监管的产品类型。

4. 专户包括机构专属及银行同业理财、单一资金信托、财产权信托、基金专户中一对一部分和社保及年金、基金子公司中的一对一、保险资管。

5. 包括公募基金（含非公开募集部分）、基金子公司、私募基金。

图3-1　相较中国，欧美市场拥有更成熟、规范的产品和机构生态

（一）美国：资本市场发达，养老贡献长资金，银行保险独立系三足鼎立

• 市场规模方面，美国是世界上最发达、规模最庞大的资管市场。

• 产品特点方面，美国资管产品呈现高度基金化的特征，投资者自担风险。

• 竞争格局方面，充分混业竞争下，银行系、保险系及独立系资管机构逐渐形成了三足鼎立、相对均衡发展的态势。

• 业务模式方面，形成了多层次的业务模式，全能型资管与精品型资管共存，在不同的客户和渠道所形成的领先者群体也呈现出差异化的特点。

• 嵌套形式方面，美国资管市场的嵌套也广泛存在，但嵌套中间层的设立是一种投资策略，产生主动管理的价值，并非通道。

美国资产管理市场形成以上特点，三个基础因素发挥了非常关键的作用：有效而适变的监管、极具深度广度且收益有吸引力的资本市场、发达的养老金体系保障资金端足够长期导向。

（二）欧洲：功能监管原则，机构客户为主导，银行保险系培育资管巨头

• 市场规模方面，欧洲拥有世界第二大资管市场，资管行业在金融业中的地位不及美国，略高于中国。

• 产品特点方面，欧洲资管产品与美国非常类似，高度基金化与净值化。

• 竞争格局方面，银行、保险系主导，竞争格局与中国情况相近。

洞察欧洲资管行业发展的关键因素，我们发现，欧洲与美国在监管、资金端和资产端三方面存在高度的相似性。这进一步说明，资管行业的成熟离不开三个关键方面：基于功能监管逻辑的监管、长期导向和机构化导向的资金端、发达的资本市场。

四、转型发展：对下一步中国资管行业发展的思考与建议

（一）资本市场、资管产品、资金管理，三层架构各司其职

一个回归本源的资管行业，其定位应为传导、分散、匹配风险而非承担和消除风险。具体而言，健全的资管体系需包含三层架构。

• 最底层是资本市场层。这一层的功能是提供合格、丰富、能够长期持续创造价值的基本投资品。

• 中间层是资管产品层。这一层的功能是面向投资者提供风险和收益特征清晰、多元的组合投资工具。这一层也是资产管理机构努力发挥专业价值的位置。

• 最上层是资金管理层。这一层也可理解为财富管理层，其功能是提供契合客户自身特点的财富增值方案、现金流支出匹配方案和风险管理方案。

前文提到的“少、同、短、刚、分”问题，实际体现出三层结构功能的相应缺失或不足。未来三层架构的功能应回归正确定位，各司其职（见图4-1）。

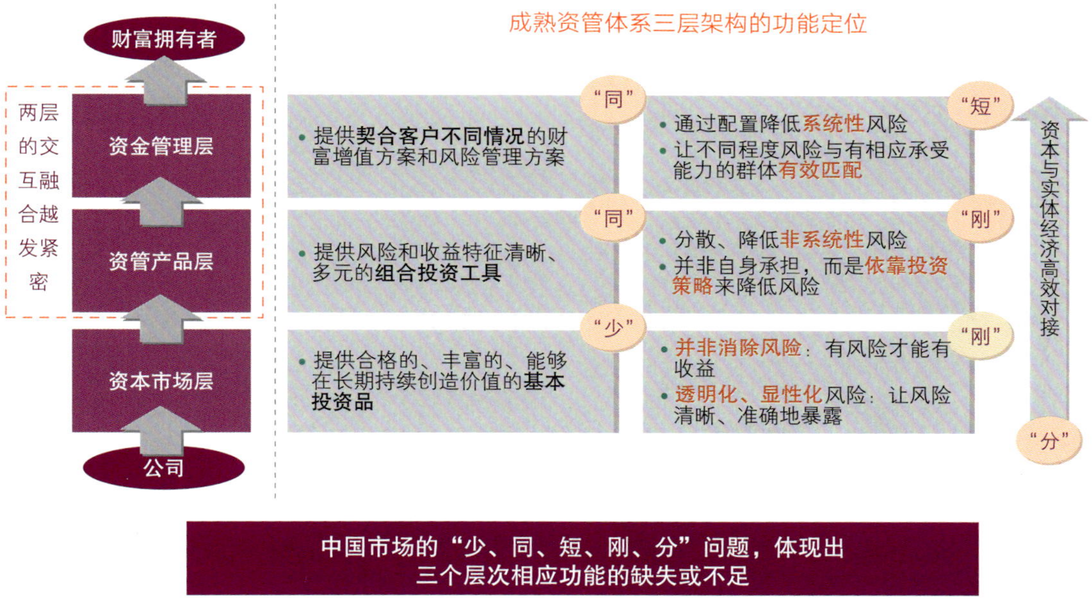

图4-1　成熟资管体系需要三层架构的功能回归正确定位

（二）市场条件、监管制度、资管机构，共创持续健康发展

解决扭曲三层架构的五大问题，是一个长期持续、循序渐进的过程，既需要行业内的监管方和从业机构共同努力，又需要行业外基础条件的成熟。

- 外部条件成熟：发展多层次的资本市场以及养老金三支柱体系。一方面，需要继续丰富资本市场的资产谱系；另一方面，需在股票、债券等已形成的核心基础资产类别上继续增加供应规模。此外，资本市场与资管行业发展应形成良性互动，彼此有效促进。当前，获得大量稳定的长期导向资金是中国发展成熟稳健股票市场需要突破的最大制约条件。国内若能通过相关税收制度的革新，有效推进养老金规模的迅速扩大以及引导长期保险的更快速渗透，所带来的积极影响将同时惠及资管市场层和资本市场层，助推资管行业和资本市场进入协同发展的健康轨道。
- 监管加速完善：加强功能监管、防范风险、引导转型。一是要尽快明确银行理财产品的“身份”定位。二是需完善资产管理行业的监管框架，按照产品本质特征进行一般性、功能性的定义和分类，确保同类型产品的监管逻辑一致。同时，在统一规定的基础上尽快推动相关立法完善，将核心标准通过法律的形式长期固化。此外，应加强穿透监管、统一监测工具，加强投资者保护，提高监管政策的稳定性、透明性。
- 机构主动转型：以专业化、差异化服务取胜的高维竞争。首先，各类机构需根据自身的禀赋和优势，进行差异化的发展定位，并在一个或多个领域形成相对突出的专业优势。其次，资管机构需要真正以客户需求为导向、赢得客户的长期信任。最后，资管机构应抓住“人”和“科技”两大核心竞争力，在科技方面提早布局，尤其是在数据管理和数据分析能力上加大投入的机构，将有望在竞争中实现更快突围。

专题研究介绍

在每年的报告中，我们都选择了一些热点、重点议题进行专题研究，2016年报告我们覆盖了以下两个专题：

- 专题一：美国应对银证保资管混业创新的功能监管经验
- 专题二：银行委外的正确打开方式

中国资产管理市场 2015

前景无限、跨界竞合、专业制胜、回归本源

一、前景无限：展望中国资管市场规模及五大增长动力

随着大资管时代的到来，我国资产管理市场面临前所未有的发展机遇。截至2015年末，各类资管机构管理资产总规模达到约93万亿元人民币，过去三年的年均复合增长率为51%。资管行业的发展对提升资本市场效率、助推经济转型、保护金融投资者权益和服务普惠金融具有重要的战略意义。

预计2020年，中国资管市场管理资产总规模将达到174万亿元；其中，剔除通道业务后规模约149万亿元，2015—2020年的年均复合增长率为17%。这背后的五大支撑动力包括宏观经济、人口社会、技术进步、监管制度、主动转型（见图1-1）。

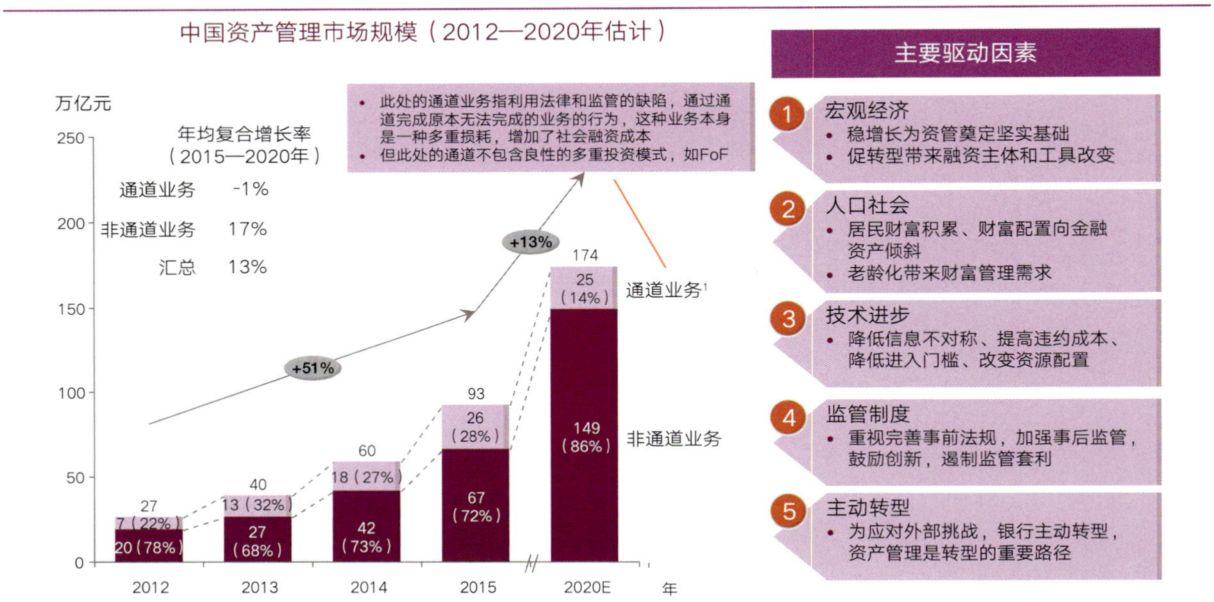

注：1. 通道业务包括信托公司、券商资管、基金子公司以及非公募资金依靠机构客户（如银行）开展的相关业务。

图1-1　中国资产管理市场规模至2020年预计达到174万亿元

（资料来源：Wind资讯、BCG分析、BCG中国资产管理模型）

二、跨界竞合：洞察中国资管市场三大发展趋势

未来五年，在继续保持中高速增长的同时，中国资产管理市场在资金来源、资产类别、资管机构三大维度均呈现出一系列重要趋势。

从资金来源看：全球资产管理市场经过多年发展，资金构成基本稳定：机构资金占比为60%左右，其中，养老金和保险占据最大市场份额，分别占比为35%和15%；个人资金占比为40%左右，主要来自公募基金、私人银行、个人养老金等。

相较于全球市场，我国资管市场资金构成恰好相反：机构资金占比为40%左右，其中，险资和企业资金（包括非营利机构以及财务公司、投资公司等非金融机构）占比均为17%，养老金仅占5%；在个人资金中，高净值客户资金主要投向私行、私募、公募、信托、券商资管、基金子公司专项等，大众客户资金则集中于银行和公募基金（见图2-1）。

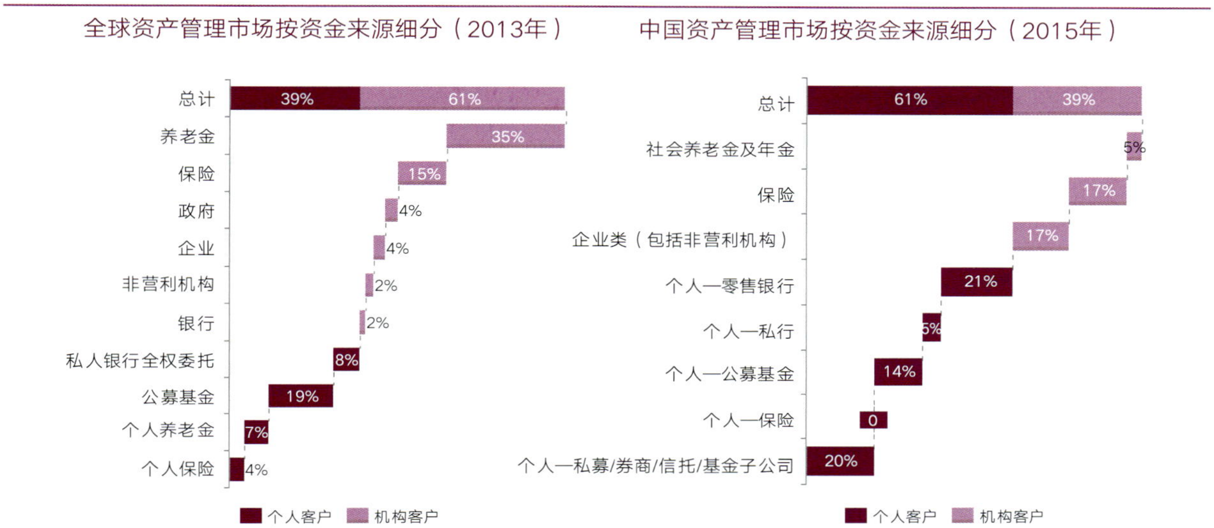

注：中国机构投资者中的保险项不包括保险公司管理的企业年金、投连险、万能险；企业类包括非金融机构企业、非营利机构及政府财政部门所投资或购买的资管产品；个人—私行为商业银行私人银行所管理的理财资产；个人—零售银行为商业银行零售银行所管理的理财资产；为避免双算，个人—私募/券商/信托/基金子公司中不包括银行的通道业务。

图2-1　全球与我国资产管理市场按资金来源细分对比

（资料来源：BCG中国资产管理模型）

从国外的经验来看，养老资金由于规模大、期限长，是重要的机构投资者。目前，我国养老资金在资管市场所占比例极低，但未来有望显著提升，成为资管市场最重要的机构投资者。此外，险资及企业也仍是重要的机构投资者。在个人投资者中，一方面高净值客户仍是中坚力量，其投资行为的成熟和需求的复杂化对资管机构提出了新的要求；另一方面，中产、数字大众等客群兴起，资管机构可以凭借互联网金融以较低的成本服务此类客户。

从资产类别看：我国各资产类别发展趋势与全球既有相似性也有不同。相似性在于被动管理型和除非标固收外的另类投资产品整体上发展较快，比如指数型基金、私募证券基金、私募股权基金。不同点在于，在主动管理型中，股票类产品发展仍然较快，跨境类产品也有较大潜力。

从图2-2可以看到，根据BCG的预测，在主动管理型产品中，股票类产品的增速最为突出，2015—2020年的年均复合增长率超过25%。以ETF为代表的被动管理型产品增速更高，2015—

2020年的年均复合增长率达到40%。股票类产品和被动管理型产品的发展主要得益于证券市场基础资产池的扩大，包括国内资本市场，尤其是股票市场的融资功能有望进一步强化；注册制的推出有望加速中国优质企业在国内上市；混合所有制的深入将继续丰富可流通且可投资的国有资产等。

中国资管市场规模按资产类型划分（2013—2020年估计）

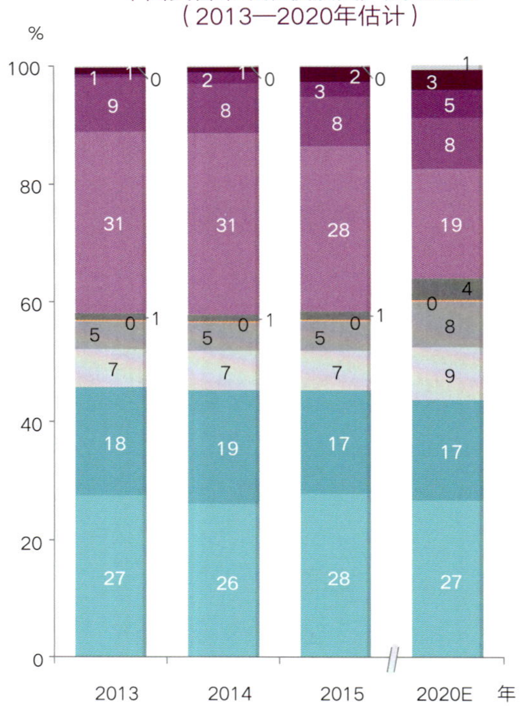

资产类别	2013—2015年估计增速（%）	2015—2020年估计年均复合增长率（%）	
金融衍生品[1]	6	50	另类
私募证券基金[2]	139	22	
私募股权基金[3]	165	30	
商品类及其他另类投资资产[4]	39	15	
非标型固定收益[5]	40	5	
ETFs及其他被动型基金[6]	56	40	被动
跨境（QD类）[7]	17	25	主动
股票[8]	51	25	
平衡型/混合型[9]	50	20	
货币市场及存款[10]	43	14	
固定收益[11]	46	13	

注：银行理财、保险产品、信托投向为证券市场（基金）、券商资管等集合资金产品中披露投资于基金、信托等其他产品的部分，不充分计算其产品规模，以基金等基础资产属性判断特点。

1. 金融衍生品指期货资管和银行理财等产品中明确披露投资于衍生品的资金。
2. 私募证券基金指的是配置于中国证券投资基金业协会登记的基金产品的实缴规模，包含阳光私募基金。
3. 私募股权基金与证券基金类似，为登记产品的实缴规模，包含私募股权基金（PE）、创业投资基金（VC）和其他类型管理人发行的产品。
4. 商品类及其他另类投资资产指的是银行、保险等各产品中，披露投资于其他项目的资金。
5. 非标型固定收益指信托、券商资管、基金子公司和基金公司专户中的非标债权业务，含通道类产品。
6. ETFs及其他被动型基金指的是基金管理公司发行的各类指数型基金，如被动指数型、增强指数型等。
7. 跨境（QD类）主要指的是国内QDII产品，包含QDII公募基金，以及银行理财等产品中代客境外理财投资的部分。
8. 股票类指的是公募基金发行的股票型基金，以及银行理财、保险、券商资管、信托的证券市场（股票）、公募基金非公开募集资本中的股票配置等主动型股票投资资金。
9. 平衡型/混合型产品指把资金分散投资于股票和债券的平衡混合型产品，主要包括公募基金里面的偏股混合型基金、平衡混合型基金，非公开募集资本中的混合类配置，以及各产品中无法分类的证券投资。
10. 货币市场主要指货币基金，存款指银行理财、保险等产品中配置于存款的部分，不含一般个人和企业的直接存款。
11. 固定收益指各产品中投资于债券和资产证券化的配置，以及债券型基金。

图2-2　国内未来五年被动管理型和另类投资产品发展提速，主动管理型中股票类产品将发展较快

另类投资产品的主要优势体现为净收入利润率较高（见图2-3），其中私募股权基金和私募证券基金的增速非常可观，2015—2020年的年均复合增长率分别达到30%和22%。私募基金的快速发展主要得益于基金在交易策略和行业研究上的专业性，通过建立起专业、灵活的投研团队，为客户实现长期良好的回报。

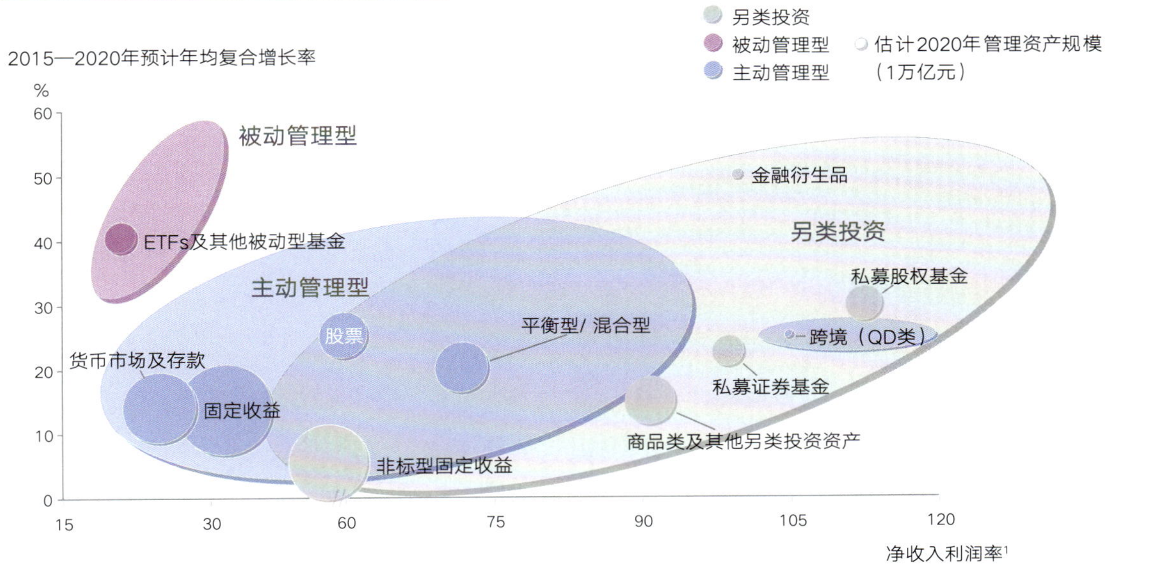

注：1. 净收入利润率指的是管理费减去分销费用。

图2-3 国内未来五年被动管理型和除非标固收外的另类投资产品整体上发展较快，主动管理型中股票类产品发展较快

（资料来源：BCG中国资产管理模型、Wind、资管机构公开信息、国家监管机构统计数据）

简单的通道类业务受到固定资产投资放缓、监管趋紧以及直接融资发展的影响，增速将会大幅放缓，影响非标型固定收益资产的整体增速，预计2015—2020年的年均复合增长率仅为5%。但非标型固定收益仍然可以继续挖掘差异化的融资需求和交易结构，服务实体经济私募信贷融资的需求。

此外，随着国内投资者分散化投资的意愿加强，跨境类产品仍有较大的发展潜力，预计2015—2020年的年均复合增长率可达到25%。虽然目前外汇管理政策上存在一定的不确定性，但长远来看，以QDII为代表的跨境产品是人民币国际化背景下最适合中国国情的投资产品之一，能够较好地管理资金的出入去向，保障外汇市场秩序。

从资管机构看，至2020年，我国资管市场中银行仍为中坚力量，占管理资产规模的27%，2015—2020年的年均复合增长率达到15%；保险资管也将继续占据重要的市场地位，占管理资产规模的16%；公募基金和私募基金增速最快，2020年管理资产规模占比分别为15%和9%，2015—2020年的年均复合增长率分别达到16%和25%；信托公司、基金子公司和券商资管等比较依赖通道类业务的机构则面临转型，2015—2020年的年均复合增长率将分别放缓至8%~10%。但信托公司由于发展时间长、基础体量大、转型早，2020年仍为第四大资管机构，管理资产规模占比为14%（见图2-4）。

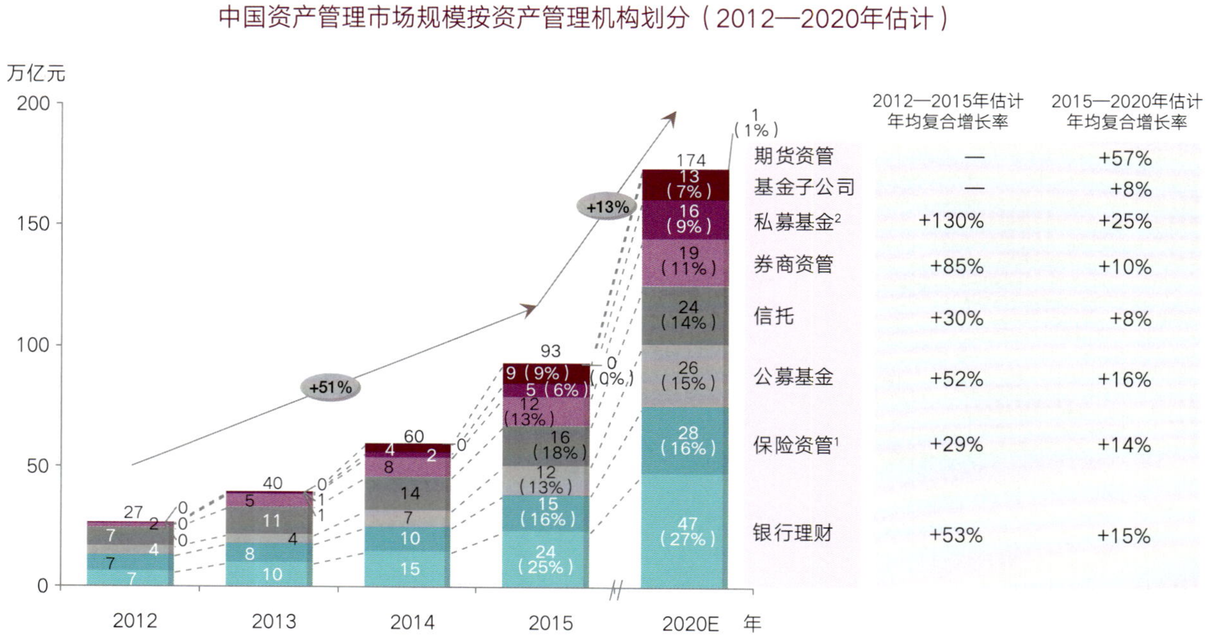

注：1. 保险资管含保险公司资金运用余额和第三方资管业务。
2. 私募基金采用私募基金管理机构认缴规模。

图2-4 中国资产管理市场规模按资管机构划分

（资料来源：Wind资讯、BCG分析、BCG中国资产管理模型）

除不同子行业发展快慢不均外，我们从全球市场还观察到一个通行的趋势——资产管理市场“赢者通吃”现象明显。全球资产管理业务的发展经验表明，资产管理是一项需要规模效应的业务，成功机构往往在某些特定领域建立规模效应。全球前二十大资产管理机构管理资产规模市场份额合计2007年为38%，2009年为41%，2013年为42%，二十家机构即占据全球市场近一半（见图2-5）。

2007年			2009年			2013年		
排名	资管机构	资产（十亿美元）	排名	资管机构	资产（十亿美元）	排名	资管机构	资产（十亿美元）
1	Barclays GI	2078	1	BlackRock	3346	1	BlackRock	4324
2	State Street GA	1979	2	State Street GA	1951	2	Vanguard	2753
3	Allianz GI[1]	1341	3	Fidelity	1699	3	Allianz GI[1]	2350
4	Fidelity	1601	4	Allianz GI[1]	1597	4	State Street GA	2345
5	Capital Group	1550	5	Vanguard	1509	5	Fidelity	1943
6	BlackRock	1357	6	JPMorgan AM[2]	1249	6	JPMorgan AM[2]	1598
7	Vanguard	1300	7	Capital Group	1039	7	BNY Mellon IM	1497
8	JPMorgan AM[2]	1190	8	BNY Mellon AM	1027	8	Capital Group	1250
9	BNY Mellon AM	1100	9	Amundi	890	9	Deutsche A/WM[4]	1226
10	Legg Mason	999	10	Goldman Sachs AM	697	10	Prudential IM	1107
11	Alliance Bernstein	800	11	Legg Mason	682	11	Amundi[5]	1032
12	Natixis AM	785	12	Natixis AM	671	12	Northern Trust GI	885
13	Northern Trust GI	757	13	Prudential IM	667	13	FranklinTempl.	879
14	Deutsche AM	737	14	AXA IM[3]	663	14	Natixis AM	836
15	AXA IM	728	15	Deutsche AM	659	15	Wellington Mgmt	834
16	Credit Agricole AM	697	16	UBS Global AM	629	16	Invesco	779
17	Prudential IM	648	17	Northern Trust GI	627	17	Goldman Sachs AM	779
18	Goldman Sachs AM	632	18	BNP Paribas	572	18	AXA IM[3]	726
19	UBS Global AM	564	19	FranklinTempl.	554	19	Legal & General IM	704
20	ING IM	509	20	Wellington	537	20	T. Rowe Price	692
全球资管市场规模（十亿美元）		约为56200			约为52400			约为68700
前二十大机构市场份额总计		38%			41%			42%

注：增长率分析有时因资管机构修改往年披露数据而受到影响；2013年平均汇率适用于上述所有年份的计算，即1欧元等于1.32826美元，1瑞士法郎等于1.07951美元，1英镑等于1.56483美元。

1. 含PIMCO。
2. 含财富管理业务。
3. 不含Alliance Bernstein。
4. 由于业务重组，自2012年起含财富管理业务。
5. 自2010年1月起，由Credit Agricole资管业务和Societe Generale资管业务合并而成。

图2-5 全球前二十大资管机构占据约40%市场份额

（资料来源：公司公告、BCG分析、Pensions & Investments、Investment & Pensions Europe）

在中国资管市场中，“赢者通吃”的现象也已经显现。前十大资管机构管理资产规模占32%的市场份额，前二十大资管机构市场份额为44%，集中度与全球资管市场相近（见图2-6）。

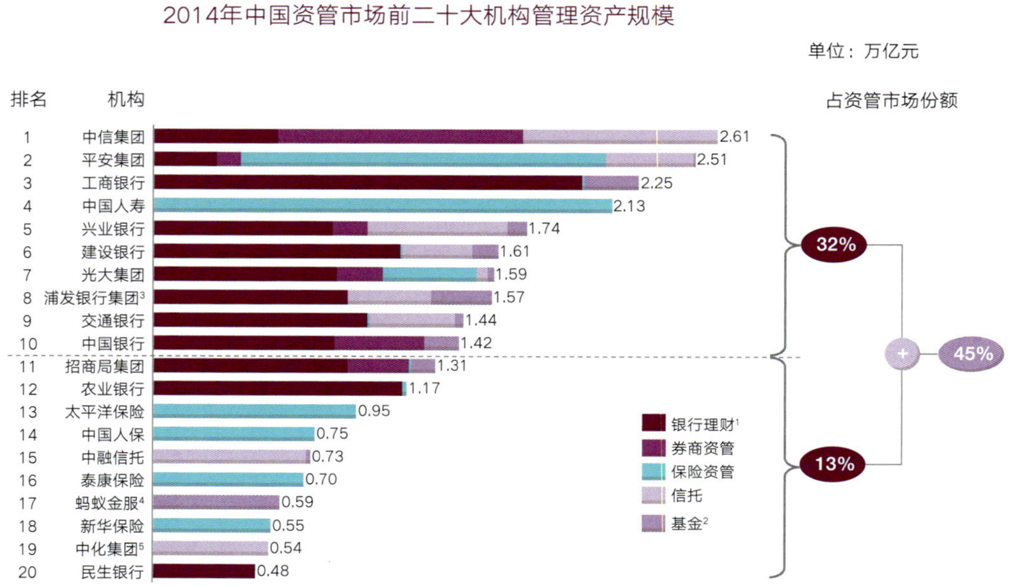

注：持股比例50%以上的子公司被纳入计算；券商资管数据为2015年6月底数据，其余为2014年底数据。

1. 包含保本与非保本。
2. 包含公募基金、基金专户和基金子公司。
3. 浦发银行集团含浦发银行、浦银安盛、上投摩根、上海信托。
4. 蚂蚁金服含天弘基金，不含网商银行（非资管）。
5. 中化集团含外贸信托、不含诺安基金（持股小于50%）。

图2-6　在大资管市场中，赢者通吃的现象已经显现

（资料来源：公司年报、中国信托业协会、中国证券投资基金业协会、文献检索、BCG分析）

在细分行业中，“赢者通吃”的现象更加明显。例如，根据2014年末数据，中国前十大银行理财产品余额合计市场份额为68%；2015年末，前十大公募基金规模合计占比达57%，前十大基金公司专户规模合计占比达49%，前十大基金子公司专户规模合计占比达48%，前十大券商资管规模合计占比达50%（见图2-7）。

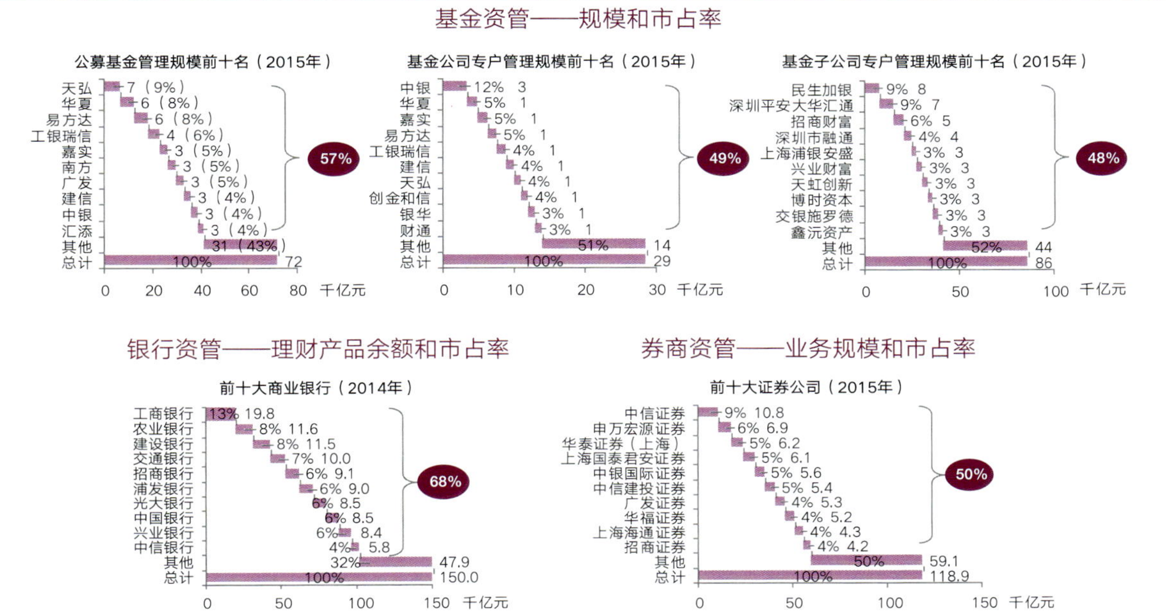

图2-7　在细分行业中，“赢者通吃”的现象已经显现

（资料来源：中国证券投资基金业协会、Cerulli、Chinafund、中国证监会、BCG分析）

三、专业制胜：聚焦四种主流资管业务模式

我们在前文中已经提到，无论是全球还是中国，资产管理市场“赢者通吃”的局面已经显现，做大规模是通向成功的最主要路径之一。但我们也看到，中国资产管理市场中并不缺少规模领先的资产管理机构，但缺少差异化、专业化的机构。通过对全球市场最佳实践的研究，我们发现全球资产管理巨头在扩张规模的同时也各具特色，并逐步形成了四大差异化模式，分别是全能资管、精品资管、财富管理、服务专家（见图3-1）。

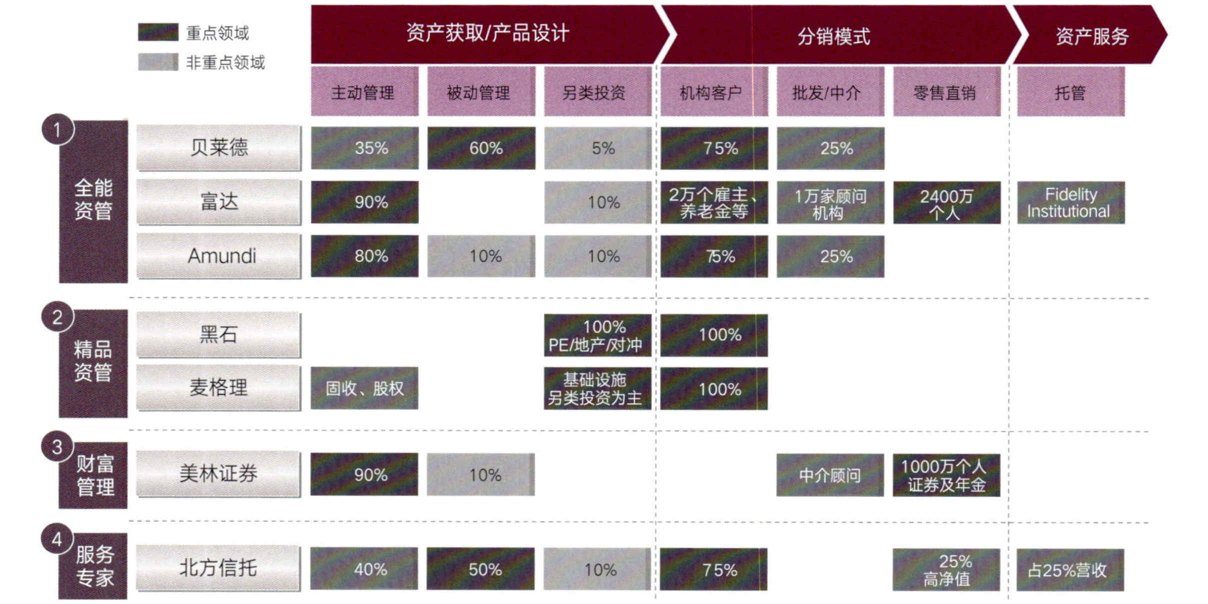

注：全部数据为2014年末数据，除资产服务外，比例均为管理资产占比，资产服务为收入占比。

图3-1　从全球最佳实践观察到四大典型资管模式

（资料来源：各公司年报）

（一）全能资管

顾名思义，这一模式最大的特点就是全能、全面。具体来看，体现在几个方面：首先，规模领先，而且往往在某几个专长领域特别领先；其次，价值链覆盖比较广泛，从资产获取、产品设计、投资管理到分销和服务，往往都有所涉猎；最后，均衡，体现在不同资产大类间、不同分销渠道间、不同地域间的配置均衡。这一模式的典型代表包括贝莱德（BlackRock）、富达（Fidelity）、Amundi等。

对中国金融机构来说，混业经营将是大势所趋，因此我们对发展中国特色的全能资管机构有两大建议。一是在建立专长的基础上，稳健推进混业经营，形成资管产品的全谱系发展。在现有的分业监管分业经营的环境下，部分机构已经在各自领域培养了一定行业专长，进行规模化的发展，且在短时间内不易被复制，如公募基金在二级市场的投研能力、券商在一、二级市场联动方面的传统优势等。在此基础上，混业经营则能打通各个子牌照，形成资管产品的全谱系发展，加速领先机构扩大资管规模。二是精益打造集团内部的协同，为客户提供“一站式”理财服务。通过获客渠道、投研能力、产品开发和客户服务的共享，真正做到价值链的相互补充，从资产获取、产品设计、定价到投资顾问、增值服务、融资需求、综合金融服务等，在内部协同的基础上提升效率。因此，对于志在成为全能型资管的机构而言，如何实现多牌照布局并从体制机制上实现协同将是未来几年需要提前布局和重点攻克的两大难题。

（二）精品资管

与全能资管机构不同，精品资管机构的核心特征是聚焦，往往在特定的产品甚至行业有很突出的专长。典型代表如专注另类投资的黑石（Black Stone）和专注基础设施另类投资的麦格理（Macquarie）。

精品资管模式成功的关键就在于卓越投资能力和专业客户服务。首先，卓越投资能力体现为通过长期专注于特定行业或资产类别，所积累的前瞻性行业洞察、标的企业合作网络以及所衍生的稀缺资产获取能力和完善的投后管理体系。其次，专业客户服务能力，主要体现为通过长期服务特定类型的客户所积累的定制化产品开发设计能力，从而可向潜在客户提供独特的价值主张。

对我国的信托、私募基金、券商资管等金融机构来说，精品资管是值得借鉴的差异化路径。而精品资管模式应当重点打造卓越的投资能力和专业的客户服务能力。目前，国内部分资管机构正在积极向精品模式发展，并注重培养细分资产类别、细分策略或若干个重点行业的卓越投研能力。但是，行业整体还处于快速发展的中早期，仍面临机构资金较少，基金期限较短、退出机制不完善等外部困难，缺乏精细化的投后管理机制。各机构的产品服务较雷同，尚未与机构、超高净值客户等建立起长期的合作关系。在多样化的投资增值能力和独特的客户服务能力上，较全球领先的精品资管还有较大差距。未来，仍需要从人才团队建设、体制机制激励、完善投研体系、健全投后管理和加强专业化、个性化的客户服务方面继续提高。

（三）财富管理

财富管理型资管机构是指直接面向客户提供资产配置和财富管理综合服务的机构，通常以服务个人客户为主，借助对客户的深入理解，能够实现客户需求和资产配置建议的精准匹配。美林证券（Merrill Lynch）是财富管理的典型代表，其成功得益于三大关键要素：精准的客户定位、以投顾为核心的高质量客户服务体系、综合金融服务能力。

从国内财富管理市场来看，行业整体上仍处于产品销售的初级阶段，产品种类有限、同质化竞争严重，部分领先机构已开始探索转型创新。若要向真正的财富管理模式转型，中国的资管机构还需要重点打造以下关键能力：一是培养高净值客户基础，服务于高净值客户的综合金融服务需求。二是要强化投顾团队。投顾的水平将直接影响客户体验。美林的明星投顾平均从业时间超过25年，而国内的投顾团队发展时间短，经验相对匮乏且流动性高，缺乏系统性培训，对于创新产品和客户全面财富规划的理解不够全面和深入。三是全业务链条和丰富的市场资源。财富管理模式不是简单的开放式产品平台或基金超市，而是充分结合了资管机构在投行和交易市场的资源禀赋，设计差异化的特色产品，满足客户的投融资需求。

（四）服务专家

服务专家主要指专门为资产管理机构提供资产托管、清算、运营等服务的模式。严格来说，服务专家本身并不能算是资产管理模式的一种，之所以把这种模式也纳入其中，主要是因为强大的资产服务能力往往有助于建立一系列独特的优势，并对资产管理业务起到反向促进作用。北方信托（Northern Trust）是这一模式的典型代表。

对在托管、清算、运营等领域具备较强业务基础的银行和信托公司来说，服务专家模式可能是差异化的另一种路径。这一模式的成功主要取决于两大要素：第一，先进的IT系统和高效率的运营体系。第二，迅速建立规模。

从中国的金融业态来看，商业银行无疑在资金托管领域拥有无可比拟的优势，拥有各类资金的托管资格，并且在近年中持续加大对传统运营体系和IT系统的投入。未来，如何能够充分利用银行牌照，在单纯的托管、清算和运营服务之外，为受托主体提供辅助性服务而产生多元业务收入将是商业银行重要的发展路径。而对于具有托管资格的中小机构而言，首先应当进行是否要向“服务专家”模式转型的战略抉择，毕竟这一业务模式的成功依赖于前期重资本金的投入和综合服务能力，只有这样才能实现规模经济效应并带来盈利。

四、回归本源：完善三大资管制度

健康发展的资管市场离不开健全的制度环境。因此，我们建议监管机构和资管机构积极合作，从积极打破刚性兑付、健全资本市场和资管产品、完善立法与监管三个角度共同完善资管市场制度建设。

（一）打破刚性兑付

刚性兑付是指金融产品到期后，产品发行者必须分配给投资者本金以及预期收益，而当产品不能如期兑付或兑付困难时，发行方或销售方需要兜底处理。

然而，金融机构的本质作用是风险的处置与定价。在银行主导的间接融资体系中，金融风险通过银行的客户关系管理、持续信用风险监测、组合管理得以控制，但银行与客户的“债权”关系导致风险始终集中在银行体系内部。而在以金融市场为主导的直接融资体系中，金融风险通过专业化的资产配置与财富管理，以分散化的转移为主要手段进行控制，金融机构与客户的“信托”关系使风险得以分散到投资者中。没有资产管理业务、财富管理业务的良性发展，就不可能有间接融资到直接融资的转换。如果债券刚性兑付、信托刚性兑付、理财刚性兑付，则风险不能转移传递，所谓的“资产管理、财富管理”就是影子银行或银行的影子，金融结构没有真正发生变化。因此，刚性兑付成为我国金融市场深化创新以及资产管理业务良性发展的掣肘。

事实上，随着近两年风险事件的频发以及各方对刚性兑付认识的加深，打破刚性兑付已经逐步成为监管者和从业者的共识。未来3~5年，刚性兑付将面临不得不破的局面，但只有有计划、有准备地打破，才能避免系统性风险爆发，维持资产管理市场的健康稳定。

- 监管机构。首先，监管机构需要明确资产管理从“募”到“投”再到“管理”等各个环节的责任主体，并为各责任主体制定清晰的尽职指引，明确“尽职”的定义和判断标准。其次，政府和监管机构应适当提高违约风险的容忍度。最后，普及并完善合格投资人制度或投资者适当性制度。

- 资管机构。资管机构要从产品设计、信息披露和体制改革三方面应对刚兑的打破。产品设计方面，提高净值型理财产品发行，减少提供预期收益率的产品；信息披露方面，规范理财产品的信息披露，提升透明度，向投资者充分揭示风险；体制改革方面，进一步厘清理财业务与其他传统业务的关系，削弱兜底理财产品的预期，强化风险隔离。

- 投资者。投资者自身应提高风险意识，正确认识理财产品的风险属性。了解自身的风险承受能力，在可承受的风险范围内理性投资。另外，投资者也要增强法律意识，在合理合法维护自身权益的同时，避免非理性行为。当然，投资者教育和投资者适当性制度的建立需要监管机构和资管机构的共同引导。

（二）健全资本市场与资管产品

健全的资本市场是以市场为主导的直接融资体系的核心要素，一个稳健、完善、理性的资本市场是资管业务良性发展的前提。资本市场具有四大功能，即价格发现、资源配置、风险管理和公司治理，资本市场起着经济枢纽的作用，既是经济的“晴雨表”，也能为好的企业“造血”，促进经济社会福利的提升，还能为投资者创造价值。一个好的资本市场无论对于经济的成长、市场参与机构的发展还是投资者的利益保护都是至关重要的。

当前，无论是股市还是债市均存在一定的问题，股市的投机性过强导致波动性过大，多数个人投资者亏损累累；债市的刚性兑付问题始终没有被有效打破，风险定价存在一定扭 曲。因此，要促进资管业务发展，必须提高资本市场的效率、丰富资管产品谱系。

提高资本市场的效率。一是重视市场公平，保护中小投资者利益。公平性是资本市场的基石，如果少数资本可以操纵市场，则中小投资者的利益无法得到保护，市场定价也是扭曲的，完全脱离资本市场的本质。政府应该加强对市场违规行为的处罚，减少市场操纵或内幕交易对市场公平性的腐蚀。二是加强制度建设，尊重市场行为。资本市场应平衡为投资者服务和融资功能两大目标，而不应过度侧重融资，将融资目的凌驾于为投资者服务之上，导致投资者利益受损。监管机构应加强对市场违规行为的监管，而不是对市场的直接引导，恪守裁判者的职责，而不能既当裁判员又当运动员。

丰富资管产品谱系。在良好的市场基础上，资管产品则是连接市场与投资者的有效工具。当前我国资管产品仍然相对简单，各种产品的层次不够丰富，难以满足不同投资者的需求。未来需要进一步提升资管产品的深度和广度，继续增加风险对冲类的期货和期权等衍生品工具，满足不同风险偏好的投资者的需求，使不同的风险在金融市场内得以消化对冲，风险得到有效配置，改善投资者的整体风险回报率。此外，还可以通过FoF、MoM等类型的产品改善机构投资者占比低的问题，更好地促进资管行业良性健康发展。

（三）完善立法与监管

在分业经营、分业监管的大体制下，在金融机构混业经营的大趋势下，为防止监管套利、缓释系统风险、促进宏观金融稳定，需要机构监管与功能监管并行，而功能监管的基础是行为立法，特别是需要明晰集合投资计划的法律实体地位，明确银行、证券、保险、信托经营集合投资计划的主体资格，统一资产管理业务的法律关系（信托关系）和监管标准。

金融立法的顶层设计的核心是解决直接融资与间接融资两大体系下的法律基础问题。在间接融资体系下，法律关系是借贷的债权关系，核心是银行业，功能是信用中介，金融风险集中在银行，需要以银行业法为基础，方向是保护存款人，并因银行的外部性而对银行实行包括杠杆比率、资本金要求、更高准入条件在内的监管措施。在直接融资体系下，法律关系是委托代理和信托关系，核心是资本中介（包括资产管理与投资银行机构），功能是风险分散，需要以《民法典》《信托法》等为基础，方向是保护投资者，包括尽职履责的善意管理人原则以及公允交易、信息披露与适度销售等。

在立法的基础上，需要进一步统一监管标准，从募集方式、产品投向（基础资产是否有公允估值、是否可交易）进行区分，以确定对投资者的保护程度，并实现穿透监管与信息披露。在我国机构监管为主的体制下，金融混业经营的趋势使不同机构之间的业务边界更加模糊，使在不同的监管标准之间进行监管套利普遍存在，产品的创新更多是基于“监管套利”，而非为投资者创造价值，因而不利于资管行业的健康发展。在机构监管的基础上，需要加强功能监管，统一针对同类金融行为的监管标准，防止监管套利，使不同的机构在统一的监管标准下发展业务、创新业务，使资管行业更加健康、规范地发展。

此外，还应进一步完善银行理财的相关法规和监管。随着银行理财规模的增加，目前已有能力安排一定的中长期投资。通过银行理财中长期机构投资者定位的确立，能够促进资管市场投资者结构的改善，降低资金成本，更好地服务实体经济。银行理财或资管子公司的设立将在多个维度上促进这种定位的实现和银行理财的专业化，包括风险隔离、缓释刚兑；明晰法律框架，减少通道业务；扩展牌照范围，推动银行综合化经营；改善机制、稳定人才、提升投研能力等。

专题研究介绍

在每年的报告中，我们都选择了一些热点、重点议题进行专题研究，2015年报告我们覆盖了以下两个专题：

- 专题一："资产荒"倒逼资管机构转型创新
- 专题二：互联网和新技术带来资产管理业务创新

附　录

关于作者：

任　锋 先生　光大理财有限责任公司董事长

潘　东 女士　光大理财有限责任公司总经理

宫　飞 先生　光大理财有限责任公司研究数据部行政负责人

刘冰冰 先生　波士顿咨询公司（BCG）董事总经理 / 全球合伙人 / BCG金融机构专项中国区负责人 / BCG财富管理和资产管理业务亚太区负责人

徐　刚 先生　波士顿咨询公司（BCG）合伙人

特别指导：

感谢中国光大银行董事会秘书、联席公司秘书、首席业务总监张旭阳先生，波士顿咨询公司（BCG）董事总经理、全球资深合伙人何大勇先生为本报告的选题与核心观点形成给予的宝贵指导。

致　　谢：

感谢参与本报告研究和撰写的光大理财副总经理李永锋先生、专户投资部程鹏亮先生、研究数据部周鑫强先生、股票投资部滕飞先生以及BCG中国区金融机构服务团队，包括咨询顾问丁苑隽女士、许怡嘉女士、钟明佳女士。此外，光大理财法律合规部行政负责人白冬先生、产品市场部胡士龙先生，BCG合伙人张莹女士、BCG董事经理成卓民先生、BCG项目经理赵程瀚先生、BCG资产管理专题全球专家Andrea Walbaum女士和Jack Parsley先生、BCG GAMMA团队专家Ankit Pagaria先生和Sonali Maheshwari女士也为本报告的撰写提供了极具价值的建议和支持，也感谢詹慧女士、柴茁女士和郑玲玉女士为本报告编辑、排版和发行所做的贡献。

感谢银行业理财登记托管中心、中国银行业协会、中国保险资产管理业协会、中国证券投资基金业协会给予的支持和帮助。

同时，衷心感谢每一位在报告研究和制作过程中接受访谈或提供帮助的学者、专家、同事。

关于光大理财：

光大理财成立于2019年9月，是股份制银行中首批获准筹建、首家获准开业、首家成立的银行理财子公司。光大理财始终秉承创新发展精神，自2004年推出国内首只人民币理财产品以来，通过投资模式的不断创新和投资管理能力的持续提升，保持良好的品牌效应和市场影响力，引领国内银行业理财市场。2004年至2022年末，光大银行理财业务累计发行理财产品超40.5万亿元，为投资者创造收益超4200亿元，并获“银行理财公司金牛创新奖”“杰出银行理财子公司奖”“年度公益责任优秀案例”等多个重要奖项。

光大理财作为光大银行财富管理战略的核心载体，坚持资产管理和财富管理相融合，不断拓宽理财业务边界，加强产品、渠道、投研、风控、科技等自身能力建设，以实际行动助力金融供给侧结构性改革，支持直接融资体系发展，以良好的经营业绩更好地回馈广大投资者。截至2022年末，光大理财产品管理规模达11852.41亿元，比2021年末增加1175亿元，增幅达11.01%。

如欲了解更多信息，请扫描二维码关注官方微信账号：

光大理财官方微信

关于波士顿咨询公司：

波士顿咨询公司（BCG）与商界以及社会领军者携手并肩，帮助他们在应对最严峻挑战的同时，把握千载难逢的绝佳机遇。1963年成立伊始，BCG 便成为商业战略的开拓者和引领者。如今，BCG致力于帮助客户启动和落实整体转型，使所有利益相关方受益——赋能组织增长、打造可持续的竞争优势、发挥积极的社会影响力。

BCG复合多样的国际化团队能够为客户提供深厚的行业知识、职能专长和深刻洞察，激发组织变革。BCG基于最前沿的技术和构思，结合企业数字化创新实践，为客户量身打造符合其商业目标的解决方案。BCG创立的独特合作模式，以及与客户组织在各个层面的紧密协作，帮助客户实现卓越发展，打造更美好的明天。

关于波士顿咨询公司中国金融机构专项：

BCG服务于中国市场已经超过二十年，在金融服务专题，尤其是资产管理领域确立了领先地位。BCG不仅拥有完备的资产管理专家全球网络和全球资产管理专业数据库，而且连续二十年发布全球资产管理报告。本合集收录的是BCG发布的2015—2017年报告精读，BCG依靠全球经验和对中国市场的洞察，提出高度可操作性的建议，为客户创造了切实的价值，受到客户的高度赞赏和市场的充分肯定。

如需获得有关BCG的详细资料，请发送邮件至：GCMKT@bcg.com。

如欲了解更多BCG的精彩洞察，请关注官方微信账号：BCG波士顿咨询；ID：BCG_Greater_China；或BCG数智港；或“BCG洞察”小程序；或BCG微信视频号。

BCG官方微信　BCG数智港　BCG报告集锦　BCG微信视频号

2015—2021年报告内容回顾：

中国资产管理市场2021

时代担当、关键一跃、信义为本、践行使命

1．历史新高：提速换挡，2021年中国资管市场重返两位数增长

1.1 全市场：增长加速，历史新高

1.2 机构端：转型深入，分化加剧

1.3 资金端：结构稳定，零售主导

1.4 渠道端："四化"叠加，格局重塑

1.5 产品端：多点开花，创新升级

1.6 资产端：投资多元，融入实体

专题一：从资管新规收官看监管体系演进

2．时代担当：中国经济高质量发展需要一个强大的资产管理市场

2.1 理论基础：直接融资促高质量发展，资管承担直接融资中枢

2.2 观往知来：资管助力实体经济转型，资管重塑金融体系格局

2.3 回看中国：迈入高质量发展新时代，呼唤资管行业大幅跃升

3．关键一跃：四大领域十问，洞悉中国资管高质量发展路径

3.1 固本正源：使命的一跃

3.2 拥抱变化：模式的一跃

3.3 修炼内功：能力的一跃

3.4 夯实基础：科技的一跃

专题二：中外资管行业及产品体系对比

中国资产管理市场2020

扬帆启航、破茧成蝶、时代机遇、争创一流

中国资产管理市场2019

数字时代、生态经营、投研再造、体系制胜

1. 市场回顾：监管引导行业规范转型，资管市场已经重新起航

1.1 监管：强监管方向不改，实施节奏优化，引导模式统一

1.2 市场：转型期重拾增长，养老加速入场，被动业务爆发

1.3 竞争：洗牌期加速分化，行业竞争加剧，外资重新布局

专题一：疫情之下，资管机构应对之道与投资使命再思考

2. 数字时代："四化"叠加触发模式升级，数字化开启新课题、新机遇

2.1 "四化"叠加，诠释数字化复杂内涵

2.2 时不我待，资管机构数字化升级正当时

2.3 继往开来，数字化开启新格局与新课题

专题二：他山之石，国际资管巨头的数字化雄心与路径

3. 生态经营：客户生态孕育各类机会，模式创新实现开放共赢

3.1 零售生态：投顾驱动转型，新生态与新手段创造无限前景

3.2 机构生态：以客户为中心，四类切入点打造解决方案模式

专题三：养老市场，如何抓住二三支柱的巨大机遇

4. 投研再造：数字基因植入投研体系，数字资产孕育全新价值

4.1 打造体系化投研能力，释放人才与数据潜能

4.2 数字化驱动智慧投研，重塑端到端价值链

4.3 数字资产创造新价值，进化行业数据能力

专题四：被动爆发，替代主动趋势初现但挑战仍在

5. 体系制胜：数据与科技中台建设，数字化组织适变应变

5.1 大中台建设，数字化体系的基石所在

5.2 数据与技术，铸就两大核心数字能力

5.3 数字化组织，大象起舞制胜智能时代

中国资产管理市场2018

尘埃落定、以终为始、差异制胜、协同发展、科技突破

1. 尘埃落定：2018年资管新规落地，行业转型持续深化
   - 1.1 监管：资管新规尘埃落定，配套细则密集出台
   - 1.2 市场：行业规模首次下滑，业务结构显著变化
   - 1.3 竞争：机构增速全面下降，行业集中度有所回升
   - 专题一：银行资产管理业务的转型和发展动态
2. 以终为始：明确使命、目标、机遇，中国资管行业再出发
   - 2.1 使命：支持实体经济和企业发展转型、满足居民财管需求、助力解决养老痛点
   - 2.2 目标：力争打造具备全球化竞争能力的世界一流资管机构
   - 2.3 机遇：应用金融科技引领中国资管行业弯道超车
   - 专题二：中美养老体系比较及对中国资管机构的启示
3. 差异制胜：从海外成熟市场经验中探寻中国资管机构差异化方向
   - 3.1 总结海外经验，借鉴五大制胜模式
   - 3.2 结合自身禀赋，打造差异发展定位
   - 专题三：解决方案型商业模式介绍
4. 协同发展：从海外领先集团良好实践中探索中国集团化发展之路
   - 4.1 明确现状问题，识别集团协同机遇
   - 4.2 海外集团为鉴，探索中国协同路径
   - 专题四：财富管理与资产管理业务的协同
5. 科技突破：运用科技引领资管行业创新变革
   - 5.1 积极拥抱科技，展望未来智能时代
   - 5.2 重塑价值链条，打造适配支撑体系

中国资产管理市场2017

回归本源、动能转换、市场广阔、格局重塑

1．回归本源：2017年是中国资管市场转型元年

  1.1 监管体系重塑，行业转型大幕拉开

  1.2 市场增长停滞，机构发展态势分化

  专题一：美国货币基金打破刚兑的历史经验

2．动能转换：资管新规发布前后中国资管市场内涵和发展逻辑发生本质变化

  2.1 市场动力转变，从“泛资管”到“真资管”

  2.2 行业生态重塑，七大体系全面转型

  专题二：银行理财的前世今生

3．市场广阔：规模增速先抑后扬，结构调整带来巨大机遇

  3.1 市场增速换挡，两大阶段先抑后扬

  3.2 业务结构调整，十二大机会点显现

  专题三：资管新规推动中国财富市场深刻转型

4．格局重塑：三大要素推动中国零售、机构市场形成差异格局

  4.1 成熟市场为鉴，三大要素影响格局

  4.2 竞争格局演进，零售机构差异发展

  专题四：海外资管市场与中国资管市场结构差异比较

中国资产管理市场2016

繁荣持续、隐忧凸显、溯本清源、转型发展

1．繁荣持续：百万亿元凸显地位，强监管规范市场

1.1 市场：规模再创新高，112万亿元、28%年化增长

1.2 产品：固收高权益低，货币基金、私募基金发展迅速

1.3 机构：投资压力攀升，加风险保收益，中小机构繁荣

1.4 监管：加强联合出击，防风险、重规范

2．隐忧凸显：拉低融资效率，积累金融风险

2.1“三高”投资：高杠杆、高期限错配、高风险偏好

2.2 特色生态：嵌套繁多，通道难消

2.3 五大根因：“少、同、短、刚、分”

3．溯本清源：聚焦发达国家或地区资管市场的特点和经验

3.1 美国：资本市场发达，养老贡献长资金，银行保险独立系三足鼎立

3.2 欧洲：功能监管原则，机构客户为主导，银行保险系培育资管巨头

专题一：美国应对银证保资管混业创新的功能监管经验

4．转型发展：下一步中国资管行业发展的思考与建议

4.1 资本市场、资管产品、资金管理，三层架构各司其职

4.2 市场条件、监管制度、资管机构，共创持续健康发展

专题二：银行委外的正确打开方式

中国资产管理市场2015

前景无限、跨界竞合、专业制胜、回归本源

1．前景无限：展望中国资管市场规模及五大增长动力

1.1 资产管理发展具有重要意义

1.2 市场规模和驱动因素

专题一："资产荒"倒逼资管机构转型创新

2．跨界竞合：洞察中国资管市场三大发展趋势

2.1 资金来源

2.2 资产类别

2.3 资管机构

3．专业制胜：聚焦四种主流资管业务模式

3.1 全能资管

3.2 精品资管

3.3 财富管理

3.4 服务专家

专题二：互联网和新技术带来资产管理业务创新

4．回归本源：完善三大资管制度

4.1 打破刚性兑付

4.2 资本市场与资管产品建设

4.3 完善立法与监管